Schmidt · Legenden des FC St. Pauli

AF645630

In Erinnerung an Walter Frosch, der den Fußball liebte.

Für die besten FC-St.-Pauli-Fans der Welt:
Kai, Henning, Bjarne und Fin.

Hermann Schmidt

Legenden des FC St. Pauli 1910

Männer, Mythen und Malheure am Millerntor

Arete Verlag Hildesheim

„Ich mach hier weiter, bis ich tot umfalle."
(Claus-Peter Bubke, Zeugwart und laut „Übersteiger" „König der Katakomben")

Redaktionsschluss: 31.3.2020

Bibliografische Information der Deutschen Nationalbibliothek
Die Deutsche Bibliothek verzeichnet diese Publikation in der Deutschen Nationalbibliografie; detaillierte bibliografische Daten sind im Internet über http://dnb.ddb.de abrufbar.

© 2020 Arete Verlag Christian Becker, Hildesheim
www.arete-verlag.de

Das Werk und seine Teile sind urheberrechtlich geschützt. Jede Nutzung in anderen als den gesetzlich zugelassenen Fällen bedarf der vorherigen schriftlichen Einwilligung des Verlages. Dies gilt auch und insbesondere für Vervielfältigungen, Übersetzungen, Verfilmungen und die Einspeicherung sowie Datenvorhaltung in elektronischen und digitalen Systemen.

In einigen Fällen war es Verlag und Autor nicht möglich, die Rechteinhaber der Fotos zu ermitteln. Berechtigte Ansprüche werden selbstverständlich im Rahmen der üblichen Vereinbarungen abgegolten.

Umschlagfotos: Rainer Beeken, Hamburg
Layout, Satz und Umschlaggestaltung: Composizione Katrin Rampp, Kempten
Druck und Verarbeitung: Pressel Druck, Remshalden
ISBN 978-3-96423-037-9

13 Glockenschläge beim Einlaufen der Mannschaften:

HELLS BELLS von AC/DC

I'm a rolling thunder, a pouring rain
I'm comin' on like a hurricane
My lightning's flashing across the sky
You're only young but you're gonna die

I won't take no prisoners, won't spare no lives
Nobody's putting up a fight
I got my bell, I'm gonna take you to hell
I'm gonna get you, Satan get you

Hell's bells
Yeah, hell's bells
You got me ringing, hell's bells
My temperature's high...

Written by: Brian Johnson, Malcolm Mitchell Young, Angus Young, Malcolm Young, Angus Mckinnon Young

Inhaltsverzeichnis

„Wir müssen versuchen, den Gegner durch permanentes Toreschießen zu zermürben." (Didi Demuth, Trainer FC St. Pauli, bei der Mannschaftsansprache)

Vorwort

Der FC St. Pauli ist einer der beliebtesten Fußballvereine in Deutschland. Laut einer Studie der Technischen Universität Braunschweig, die 4.000 Befragte im Alter zwischen 18 und 69 Jahren berücksichtigt, rangiert der aktuell in der 2. Bundesliga spielende Hamburger Klub hinter Borussia Dortmund und Borussia Mönchengladbach auf Rang 3 in der Beliebtheitsskala der Fans und Freunde des Fußballs.

Die Top-Platzierung des FC St. Pauli wird in der Untersuchung als „Paradebeispiel für ein erfolgreiches und konsistentes Markenmanagement sowie eine starke, unverwechselbare Vereinsmarke (...), deren positive Wahrnehmung in der Öffentlichkeit losgelöst vom sportlichen Erfolg ist," erläutert.[1]

Neben den rund 30.000 Zuschauern bei Heimspielen im regelmäßig ausverkauften Stadion am Millerntor sympathisieren unzählige Menschen in allen Teilen des Landes mit dem „Underdog" und besuchen auch die Auswärtsspiele des Kiezclubs. Der FC St. Pauli steht für Toleranz und Weltoffenheit. Seine Führung, die Vereinsmitglieder und Fans beziehen Position gegen Rassismus und Rechtsradikalismus. Der Bekanntheitsgrad des FC St. Pauli im In- und Ausland ist erstaunlich hoch, obgleich die sportlichen Erfolge des Vereins seit dessen Gründung im Jahr 1910 überschaubar sind, und derzeit ein erneuter Aufstieg in das Oberhaus des deutschen Fußballs in weite Ferne gerückt zu sein scheint.

Doch im Fußball zählt nicht immer nur der Erfolg. Auch die von einem Sportverein offensiv vertretenen gesellschaftspolitischen Werte allein reichen nicht aus, um die landesweiten Sympathien der Fußballfreunde für den FC St. Pauli zu erklären.

Fußballklubs leben vor allem von den Menschen, die diesen Sport ausüben, die durch ihre individuelle Art des Spiels und durch ihre unterschiedlichen Charaktere dem Auftreten ihres Teams Glanz und Einzigartigkeit verleihen. Unabhängig von Siegen und Niederlagen ihres Klubs identifizieren sich die Zuschauerinnen und Zuschauer mit ihrem Verein, weil er ihnen Zugehörigkeit und Heimat vermittelt. Trikots, Fahnen, Farben, Gesänge sind dabei nicht so entscheidend, wie die mit den Spielern geteilte Freude über ein gewonnenes oder die Trauer über ein verlorenes Spiel. Wer am Millerntor miterlebte wie sich die spielerisch oft unterlegenen Teams des FC St. Pauli gegen europäische Spitzenmannschaften wie Bayern München, Werder Bremen oder einst VfB Stuttgart, HSV und Hertha BSC zur Wehr setzten, wer in den unzähligen Abstiegskämpfen der Kiezkicker dabei war und deren Aufstiege mitfeiern durfte, der wird die Sympathie für den ewigen Außenseiter vom Millerntor nicht mehr los.

Am Millerntor gab und gibt es immer wieder Akteure und Persönlichkeiten, die aufgrund ihrer Leistungsbereitschaft als Kämpfer und Charakterköpfe auf sich aufmerksam machten und somit zu Sympathieträgern des FC St. Pauli wurden.

Sieht man einmal davon ab, dass ein Mann wie der spätere Bundestrainer Helmut Schön nach dem Zweiten Weltkrieg das braunweiße Trikot des Hamburger Stadtteilvereins trug, oder ein Spieler wie Ingo Porges zu Beginn der sechziger Jahre in die DFB-Nationalelf berufen wurde, so machte der Verein aus dem Hamburger Stadtteil St. Pauli erst viele Jahre später wieder bundesweit auf sich aufmerksam. Das „Ereignis“ trug den Namen Volker Ippig, der im ZDF-Sportstudio in Bauarbeiterschuhen auftrat und unumwunden seine Sympathien zur Hamburger Hausbesetzerszene einräumte, in Nicaragua als Aufbauhelfer aktiv war und in der Bundesliga gekonnt das Tor der „Boys in brown“ sauber hielt. Auf die Anmerkung des ZDF-Moderators Bernd Heller, dass das alles für ihn nicht recht zusammenpasse, parierte Ippig kurz und knapp mit der Antwort: „Für mich schon.“

Spieler wie Walter Frosch, Jürgen Gronau, André Golke, Dirk Zander, Franz Gerber, Klaus Thomforde, André Trulsen, Holger Stanislawski, Fabian Boll, Thomas Meggle, Deniz Naki, Marcel Rath, Florian Lechner, Florian Bruns, Ivan Klasnic und viele andere mehr sorgten durch ihre unverwechselbaren Auftritte, ihre leidenschaftliche Art des Fußballspiels und ihren Siegeswillen für die einzigartige Atmosphäre, die mit dem FC St. Pauli bis heute verbunden ist.

Eine Auswahl dieser legendären Spieler wird in diesem Buch vorgestellt.

Hermann Schmidt, im Frühjahr 2020

Könner

„Ich wollte schießen, da riss plötzlich das Hosenband. Ich musste mit einer Hand die Hose festhalten." (Helmut Schön)[2]

Als Helmut Schön das Hosengummi riss: Helmut Schön

In den Wirren nach dem Zweiten Weltkrieg gastierten mehrere Spieler des Dresdner SC als Gastspieler am Millerntor. Der Fleischermeister Miller, Mäzen des FC St. Pauli in der Nachkriegszeit, und dessen Sohn Karl Miller, Spieler bei den Braunweißen, knüpften Kontakte zu den Stars des traditionsreichen Klubs, die in der Folge mehrfach für den FC St. Pauli die Stiefel schnürten. Heinz Hempel, Mitspieler des legendären, technisch versierten Offensivspielers Helmut Schön, erinnerte sich, dass einige der Dresdner Spieler überhaupt keine Spielgenehmigung für den FC St. Pauli besaßen.

Den damals schon über dreißigjährigen Helmut Schön und seine Kameraden soll es vor allem in die Hafenstadt gezogen haben, weil Schlachter Karl Miller die Gastspieler gut und reichlich mit Nahrung in Form von Frischfleisch und Wurstwaren versorgte. Die Futterpakete transportierte Helmut Schön auf einem kleinen Lieferwagen zurück in seine Heimatstadt. So ist es in den „Geschichtsbüchern" des Vereins gelegentlich nachzulesen. Schöns Vorbild ist der geniale Wiener Mittelstürmer Matthias Sindelar („Der Papierene") gewesen. Helmut Schöns Vorstellung in der Nähe der Reeperbahn war bedauerlicherweise von nur kurzer Dauer. Lediglich drei Spiele absolvierte der „Mann mit der Mütze" (so charakterisierten die Medien den späteren Nationaltrainer) für den FC St. Pauli, darunter ein Derby gegen den HSV, das mit 0:2 verloren wurde.

In jenem Spiel gegen den HSV, das am 30. November 1947 in Hamburg stattfand, spielte Helmut Schön auf der Position des Stoppers für die Braunweißen. Sein Gegenspieler war Edmund Adamkiewicz, zweimaliger deutscher Nationalspieler unter Sepp Herberger. Eddie, wie der gebürtige Wilhelmsburger genannt wurde, war vor und nach seiner Zeit beim HSV auch für die Frankfurter Eintracht im Einsatz. Der FC St. Pauli war als Favorit in das Spiel gegangen, verlor jedoch gegen einen an diesem Tag überlegen auftrumpfenden HSV. Während des Spiels war Helmut Schön über das gesamte Feld nach vorne gegangen. Bei diesem Sturmlauf riss ihm das Gummiband seiner Turnhose, und so musste er im Sprint mit dem Ball seine Hose festhalten, damit sie ihm nicht über den Hintern rutschte. Sein Schuss, vom Sechzehner aus, ging infolge dieses Handicaps in die Wolken.

Danach trat er wieder für seinen Verein in Dresden an. Als Bundestrainer von 1964–1978 wurde Helmut Schön, einst selbst 16-maliger deutscher Nationalspieler, einer der erfolgreichsten Nationaltrainer der Welt.

Zwanzig Jahre aktiv am Millerntor: Karl Miller

Nein, das Stadion am Millerntor ist nicht nach Karl Miller, einem der Urgesteine des FC St. Pauli benannt, wie man ungeprüft vermuten könnte. Die Bezeichnung „Millerntor“ rührt aus dem Namen eines früheren westlichen Stadttors der Hansestadt.

Dabei hätte der Sohn eines Schlachtermeisters auf St. Pauli eine solche Ehrung ohne jeden Zweifel verdient. Seine Verdienste um den Verein rühren nicht nur aus den zwanzig Jahren (1930–1950), in denen er die braunweißen Farben trug und durch seine überragenden fußballerischen Qualitäten zum 12-maligen Nationalspieler unter Trainer Sepp Herberger wurde, sondern auch aus seinem unerschöpflichen Organisations- und Kontakttalent, mit dem er den FC St. Pauli auf allen Ebenen und über die aktive Zeit hinaus unterstützte.

Nach Beginn des Zweiten Weltkriegs wurde Karl Miller als Soldat nach Dresden abkommandiert und spielte dort als Gastspieler beim Dresdner SC. Vom damaligen „Reichstrainer“ wurde er im Jahr 1941 erstmalig in die Nationelf berufen. Die deutsche Auswahl gewann dieses Spiel gegen Ungarn mit 7:0.

Als der Krieg zu Ende war, kam am Millerntor wieder eine spielstarke Mannschaft zusammen, die 1947 Meister der Hamburger Stadtliga wurde und – wie heute – auf Augenhöhe mit dem Hamburger SV agierte.

Grund für das fußballerische Potenzial der „Wunderelf" war auch, dass in der kargen Versorgungslage der Nachkriegszeit die Wurstküche der väterlichen Millerschen Fleischerei auf viele talentierte Fußballer im weiteren regionalen und überregionalen Umfeld der Stadt an der Elbe eine magische Anziehungskraft ausübte. Karl Miller junior ließ seine Kontakte spielen, und so kamen neben Helmut Schön auch weitere herausragende Fußballer zum FC St. Pauli.

Karl Miller war, wo immer er auflief, der Stabilisator in der Abwehr, ein technisch versierter, läuferisch starker Defensivmann mit Übersicht im Aufbauspiel. Noch im Alter von 37 Jahren trat er in einem Freundschaftsspiel gegen Rapid Wien an. In den Reihen des Hütteldorfer Arbeitervereins wirkten die Spieler Ernst Happel und Max Merkel mit.

Nach dem Ende der Spielerkarriere gehörte Karl Miller dem Liga-Auschuss des FC St. Pauli an. Er starb am 18. April 1967. In einer Online-Abstimmung im Jahr 2010 wählten ihn die St. Pauli-Fans in die „Jahrhundertelf".

„Harald Stender war eine Ausnahmepersönlichkeit beim FC St. Pauli, Uwe Seeler vom HSV vergleichbar." (Bezirksamtsleiter Andy Grote bei der Einweihung des Harald-Stender-Platzes)

78 Jahre im Verein: Harald Stender

In der großen Zeit von Harald Stender lag das Stadion noch mehr als 100 m vom jetzigen Standort entfernt. Das Bismarck-Denkmal konnte man gut vom Stadion aus sehen. Es gab kein Vereinsheim. Die Spieler zogen sich auf der anderen Seite der Ernst-Thälmann-Straße (heute Budapester Straße) um, und der damalige Präsident Wilhelm Koch führte seine Geschäftsstelle in einem notdürftig wieder hergerichteten Büro eines Abbruchhauses. Im Keller dieses Hauses gab es heißes Wasser und elf Emailleschüsseln. Dort, in der sogenannten „Tropfsteinhöhle", wuschen sich die Spieler und mussten anschließend die Waschschüsseln auch selbst wieder säubern.[3]

Harald Stender ist einer der elf Spieler, die anlässlich des hundertjährigen Jubiläums des FC St. Pauli im Jahr 2010 von den Hamburger Fans in die „Jahrhundertelf" des FC St. Pauli gewählt wurden. Der legendäre rechte Läufer des FC St. Pauli konnte diese Ehrung noch persönlich miterleben, bevor er, sechsundachtzigjährig, am 1. August 2011 in Hamburg verstarb.

Sein Vater hatte den kleinen Harald im zarten Altern von 8 Jahren beim Millerntor-Club als Mitglied angemeldet, auch deshalb, weil das Heiligengeistfeld und die Sportplätze der Braunweißen unmittelbar vor der Haustür der Familie Stender lagen.

In seiner gesamten aktiven Zeit war Harald Stender als rechter Läufer oder (später) als Halbrechts eingesetzt. Er galt als konditions- und kampfstarker Verbinder, der zu den besten seines Fachs in ganz Deutschland gezählt wurde. Zu den Mitspielern von Harald Stender gehörten auch „Tute" Lehmann, von Tennis Borussia Berlin gekommen, sowie der Schlesier Josef Famula.

In der Saison 1946/47 gewannen die St. Paulianer die Hamburger Meisterschaft vor dem HSV, und Harald Stender reifte in den Folgejahren zum „Kopf" dieser Mannschaft. Von 1947 bis 1951 war der FC St. Pauli Jahr für Jahr an den Endrundenspielen um die Deutsche Meisterschaft beteiligt. Bis zu 40.000 Zuschauer hatten damals Platz im Millerntorstadion. Infolge der zahlreichen Einwanderer und zugezogenen Vertrieben im Stadtteil St. Pauli, von denen viele die Spiele der „Wunderelf" besuchten, war der Club in der Nähe der Reeperbahn schon damals ein Treffpunkt unterschiedlichster Menschen aus allen Bevölkerungsschichten.

Nachdem Harald Stender 1951 von Herberger zu einem Nationalmannschafts-Lehrgang eingeladen worden war, verletzte er sich nach einem Zusammenprall mit dem Torhüter Dragomir Ilic von Werder Bremen derart schwer, dass er sich einen doppelten Schädelbasisbruch zuzog und zunächst längere Zeit ausfiel. Das Spiel gegen Werder war zwar durch den FC St. Pauli auch mit zehn Mann 5:2 gewonnen worden, doch Harald Stender lag im Hafenkrankenhaus. Aus einer Karriere in der DFB-Nationalelf wurde durch diese schwere Verletzung nichts; Herberger berief ihn nicht mehr in sein Aufgebot. Zehn Wochen nach seiner schlimmen Verletzung trat Harald Stender wieder für die Braunweißen an. Seine fußballerische Heimat blieb der FC St. Pauli.

Wie in jenen Jahren üblich, konnte er mit Unterstützung des Vereins und durch Vermittlung des Präsidenten Wilhelm Koch eine Tankstelle in der Stresemannstraße in Altona, unweit des Millerntors eröffnen, damals noch eine hervorragende Einnahmequelle.

Harald Stender ist einer der Rekordspieler des FC St. Pauli mit den meisten Einsätzen. Dass dem Verein seine langjährigen treuen Dienste beim letzten Spiel gegen Eintracht Osnabrück am 24. April 1960 nicht einmal einen Blumenstrauß wert waren, und dass er auch kein Abschiedsspiel bekam, hat ihn jahrelang verärgert.

Wiedergutmachung kam Jahrzehnte später: Am 11. August 2013 erhielt der Vorplatz der Südkurve den Namen „Harald-Stender-Platz“. In der Zeit von 1947-1960 spielte Harald Stender 336-mal in der damaligen Fußball-Oberliga Nord, und immer nur für einen Verein, den FC St. Pauli. Insgesamt kam er auf knapp 500 Spiele.

Die Erfolge Ende der vierziger Jahre, als der FC St. Pauli zu den fünf führenden Clubs in Deutschland gehörte, wiederholten sich jedoch trotz des großartigen Harald Stender nicht mehr. Nur im Weltmeisterschaftsjahr 1954 belegte man den zweiten Platz in der Oberliga Nord, hinter Hannover 96, der andere HSV landete abgeschlagen auf Platz 11.

„Die Duelle zwischen Ingo Porges und Uwe Seeler gehörten zu den Höhepunkten des norddeutschen Ligafußballs." (Dr. Frank P., HSV-Fan)

Nationalspieler: Ingo Porges

Ingo Porges kommt von einem Hamburger Klub, bei dem sie heute noch auf Rotasche spielen, und das höherklassig: Sein Stammverein ist der traditionsreiche USC Paloma, im Hamburger Arbeiterstadtteil Barmbek beheimatet.

Auf Vermittlung seines älteren Bruders, der bereits beim FC St. Pauli spielte, ging Ingo Porges 1955 ans Millerntor und spielte dort zunächst in der Zweiten. Unter den Fittichen seines Trainers Hempel reifte Porges rasch zu einem Mann für die erste Garnitur, und bei seinem ersten Einsatz im September 1956 gegen Werder Bremen machte der flinke Wirbelwind gleich beide Tore zum 2:1-Sieg der Braunweißen.

Zunächst brillierte der schlaksige und beidfüßig schießende Goalgetter als Mittelstürmer, wurde alsbald aber zum Mittelläufer umgeschult. Mehrfach spielte er in der norddeutschen Auswahl und wurde drei Mal in die deutsche U23-Auswahl berufen.

Nationaltrainer Sepp Herberger holte ihn in den Kader der A-Nationalelf, und Ingo Porges machte sein erstes Länderspiel im Jahr 1960 gegen Irland. Er lief neben Willi Schulz und Stopper Ferdinand Wenauer als linker Läufer auf. Das Spiel wurde mit 0:1 verloren, und das erste Länderspiel von Ingo Porges sollte auch sein letztes gewesen sein. Zu stark war die Konkurrenz auf den für ihn infrage kommenden Positionen. Herberger gab Herbert Ehrhardt, Horst Szymaniak und Willi Schulz den Vorzug. In zwei Testspielen der DFB-Elf gegen Vereinsmannschaften durfte Ingo Porges zwar noch einmal antreten, dem 22 Spieler umfassenden DFB-Kader für die Weltmeisterschaft im Jahr 1962 in Chile gehörte der stets faire und elegante Techniker jedoch nicht an.

Als Ingo Porges im Jahr 1968 seine Karriere beendete, hatte er 313 Ligaspiele für seinen Verein bestritten. Nachdem er sich bereits 1962 als Kaufmann selbständig gemacht hatte, führte er zunächst einen Brennstoffhandel in Hamburg-Billstedt und anschließend einen Versandhandel mit Sportartikeln.

Der Torjäger: Peter „Oschi" Osterhoff

Dem DSC Stern aus dem Hamburger Stadtteil Dulsberg, der an Wandsbek und Barmbek grenzt, bescherte Peter Osterhoff den Aufstieg in die Verbandsliga fast im Alleingang: 60 Tore hatte er in 22 Punktspielen erzielt.

Und deshalb wurde er zum FC St. Pauli in die Oberliga Nord geholt, wo er mit Dribbelkönig Rolf Bergeest und Horst Haecks ein Offensivtrio bildete, das weit über Hamburg hinaus bekannt war. Peter Osterhoff, genannt „Oschi", war jahrelang hinter Uwe Seeler vom Hamburger SV zweitbester Torschütze in der höchsten Fußballliga des Nordens.

Seine Gefährlichkeit gründete auf Schnelligkeit und Instinkt. Er tauchte immer dort auf, wo zum Sturm geblasen wurde. Als Rechtsfuß in der Linksaußenposition war er ein Vorreiter von Franck Ribery, er kam in langen Sprints über den Flügel und rein ging's in den Strafraum. Ungefähr 400.– DM hatte der kräftige, bullig wirkende Stürmer, wohl deshalb mit dem Spitznamen „Oschi" belegt, während der ersten Jahre am Millerntor verdient. Bei Sieges- oder Abschlussfeiern gab es ein Essen und Freibier. Sonst nichts. Von der Kameradschaft in seinem Team schwärmt er noch heute: „Wir waren alle Freunde."

In den letzten seiner zwölf Jahre am Millerntor spielte der „schwarze Peter" linker Verteidiger. 182 Tore erzielte er in 320 Pflichtspielen für den FC St. Pauli: Eine sagenhafte Quote!

Nach der aktiven Zeit als Halbprofi wechselte Peter Osterhoff im Jahr 1970 zu Duwo 08. Auch als Amateurtrainer im Hamburger Umland machte „Oschi" von sich reden. Er war ein humorvoller Chef seiner Teams am Spielfeldrand, der es stets verstand, die von ihm gecoachte Mannschaft zu motivieren.

„Franz und Margot haben sich rührend um mich gekümmert.“ (Sebastian Kehl)[4]

Der Schlangen-Franz: Franz Gerber

Zum ersten Mal auf sich aufmerksam machte der später weitgereiste Stürmer der Extraklasse im Jahr 1963 als Zehnjähriger beim TSV Eching, nördlich von München gelegen. Der TSV Eching unterhält im Jahr 2020 mit 19 Mannschaften die größte Fußball-Jugendabteilung im Landkreis Freising.

Sieben Jahre lang, von 1964 bis 1971, stand der Schlangen-Franz als Jugendlicher bei den „Roten“ vom FC Bayern München auf dem Platz. Nach einem weiteren Jahr in seiner Heimatstadt, nun als Profi, der sich gegen Stürmer wie Gerd Müller, Uli Hoeneß oder Franz Krauthausen unter Trainer Udo Lattek nicht durchsetzen konnte, ging er zum FC St. Pauli an die Elbe. In zwei Spielzeiten (1972–74) brachte er es in 54 Spielen auf sage und schreibe 50 Tore! In der Saison 1973/1974 schoss Franz Gerber 33 von 113 Saisontoren des FC St. Pauli. Was für Zeiten: Obgleich sich der FC St. Pauli zum vierten Mal hintereinander für die Bundesliga-Aufstiegsrunde qualifiziert hatte, besuchten im Schnitt lediglich knapp 3.000 Zuschauer die Spiele am Millerntor.

Nach einer Zwischenstation beim Wuppertaler SV kehrte Gerber wieder ans Millerntor zurück, blieb erneut zwei Jahre, absolvierte 70 Spiele und schoss 43 Tore. In den folgenden acht Jahren (und im Grunde auch weit darüber hinaus) begab sich der Torjäger auf Wanderschaft, über München nach Ingolstadt, Kanada, USA, Hannover und wieder zurück zum FC St. Pauli in den Jahren 1986–1988.

Schlangen-Franz war der Spitzname des Torjägers aus Bayern, auch am Millerntor. Schon als Junge hatte man ihm eine Ringelnatter geschenkt, die er in seinem Zimmer aufzog. Auch als Erwachsener hielt er die Reptilien in seiner Wohnung, und dort nicht nur im Badezimmer. In seiner Wohnung soll er „bis zu 25 Schlangen, Nattern und Echsen gehalten haben“[5]. Schlangen-Franz pflegte zudem regelmäßig mit seinem Getier im für ihn typischen breiten und langsamen bayerischen Idiom zu sprechen. Doch nicht immer hielten die Schlangen still. So wurde er dann auch schon einmal von einer Kobra in den Finger gebissen. Und es ist auch vorgekommen, dass er eine in Südostasien aufgegriffene Schlange in Bangkok mit in den Flieger auf die Heimreise nahm und unter dem Sitz seines Mitspielers abstellte. Sein Sitznachbar soll kreidebleich gewesen sein, als er nach der Landung von diesem ungewöhnlichen Transport erfuhr.

Fans, die es wissen müssen, berichten, dass es noch vor dem legendären Volker Ippig-T-Shirt auch ein entsprechendes Kleidungsstück zu Ehren des Schlangen-Franz gegeben habe. Dies sei das erste Shirt für einen Spieler des FC St. Pauli gewesen.

Auf seinen Reisen durch die bunte Welt des Fußballs landete Franz Gerber im Jahr 2002 noch einmal am Millerntor, nun als Sportdirektor. Später übernahm er auch das Traineramt von Joachim Philipkowski. Eine seiner ersten Entscheidungen war die, seinen Sohn Fabian ans Millerntor zu holen. Fabian Gerber bot dort eine ganze Serie passabler Vorstellungen.

Nach dem Abstieg in die Regionalliga wurde sein Vater von Andreas Bergmann abgelöst, bezog aber aufgrund seiner Vertragslaufzeit noch zwei Jahre Gehalt vom FC St. Pauli.

Im Jahr 2007 wurde der Bayer Teamchef der Nationalmannschaft von Madagaskar. Nach diesem exotischen und nicht sonderlich üppig dotierten Engagement übernahm Franz Gerber die Positionen des Sportdirektors und Interimscoachs beim SSV Regensburg.

Während seiner Laufbahn war der Schlangen-Franz nebenbei auch als Talentspäher und Spielerberater tätig. So gehörten Sebastian Kehl, Otto Addo, Fabian Ernst und Gerald Asamoah zu den von ihm entdeckten Talenten, die er später auch beriet.

Sebastian Kehl äußerte, Franz Gerber und dessen Frau hätten sich um ihn wie um einen Sohn gekümmert.

Als Walter Frosch in Regensburg in den letzten Jahren seines Lebens zu einer schweren Krebs-OP antreten musste, holte ihn sein Freund

und Ex-Kollege Franz ab und kümmerte sich rührend um ihn, als er im Krankenhaus lag.

Seit 2019 war Franz Gerber beim FC Gießen zunächst als sportlicher Leiter tätig, wechselte aber im Herbst 2019 in die Funktion eines Beraters des hessischen Regionalligisten.

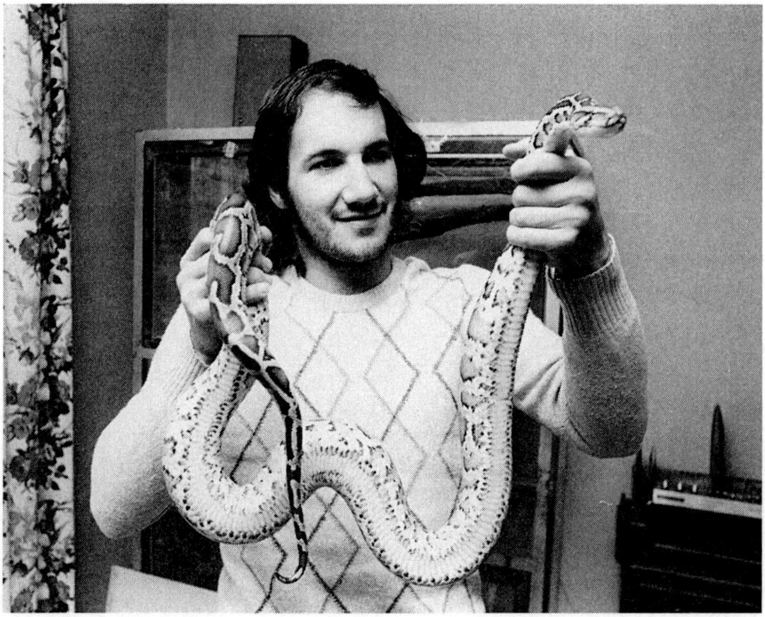

Der Schlangen-Franz im Dezember 1975

„Der FC St. Pauli ist und bleibt ein Kultclub. Ich sehe hier immer noch vieles, was ich so bei anderen Vereinen niemals finden werde.“[6]
„Das ist der Klasnic-Effekt. Seit ich wieder dabei bin, haben wir jedes Spiel gewonnen.“[7]
„Im Sechzehner ist keiner besser als ich.“[8]

Der Mann, der nie aufgab: Ivan Klasnic

Ivan Klasnic spielte in der Kindheit beim Altonaer Traditionsverein Union 03, bevor er über den TSV Stellingen im Alter von 12 Jahren in den Jugendmannschaften des FC St. Pauli seinen Weg machte. Sein erstes Spiel als Profi absolvierte der Achtzehnjährige unter Trainer Gerd Kleppinger in einem Spiel gegen die Stuttgarter Kickers.

In 95 Spielen für den Verein vom Millerntor machte der mit allen Wassern gewaschene Stürmer nicht nur mit 26 Toren von sich reden. Er erzielte seine Wirkung auch durch unwiderstehliche Flügelläufe, spektakuläre Flankenbälle und risikoreichen, artistischen Körpereinsatz im Strafraum. Ivan Klasnic war aufgrund seiner großen Klasse auf Dauer nicht am Millerntor zu halten.

Er verließ den Klub nach dem Aufstieg in die Bundesliga in der Saison 2000/2001 und spielte von nun an sieben Jahre für Werder Bremen. Dort kombinierte er unter anderem mit Ailton und Miroslav Klose im Sturm und gehörte seinerzeit zu den erfolgsreichsten Torschützen der Grün-Weißen. Mit Werder Bremen wurde Ivan Klasnic Deutscher Meister und DFB-Pokalsieger des Jahres 2004.

Für die Millerntor-Fans blieb Ivan Klasnic trotz seines Weggangs ein St. Paulianer. Als er im DFB-Pokalspiel der Werder Reserve gegen seinen ehemaligen Verein Ende Oktober nach langer Krankheit und zwei Nierentransplantationen bei den Werderanern eingewechselt wurde, feierten ihn auch die mitgereisten zehntausend Zuschauer aus Hamburg – und zwar so, als sei er immer noch einer der ihren.

Im Anschluss an die Jahre im Weserstadion zog es den 41-maligen kroatischen Nationalspieler zunächst nach Frankreich zum FC Nantes und dann zu den Bolton Wanderers in England, bevor er seine Karriere beim FSV Mainz 05 abschloss.

Während seines England-Gastspiels hatte es im Herbst 2010 Anschuldigungen und Ermittlungen wegen einer angeblichen Verwicklung Ivan Klasnics in die Vergewaltigung einer siebzehnjährigen Jugendlichen gegeben. Dieser Verdacht belastete den Spieler und dessen Familie erheblich, doch nach Abschluss des Verfahrens erwiesen sich die Vorwürfe als haltlos: Das vermeintliche Opfer gab zu, Ivan Klasnic beschuldigt zu haben, weil es sich von ihm abgewiesen fühlte.

Ivan Klasnic unterstützte die „Stiftung Löwenherz" (Syke bei Bremen) in der Betreuung schwerkranker und sterbender Kinder und engagierte sich gegen Diskriminierung und Rassismus.

Anfang 2015 wünschte sich St. Pauli Fan Gerd auf der (ansonsten nur noch gelegentlich bedienten) offiziellen Website des einstigen Stürmerstars die Rückkehr von Ivan Klasnic zum Millerntor, in der rührenden Hoffnung, so könne der Abstieg verhindert werden.

Im Juni 2017 unterzog sich Klasnic einer erneuten Nierentransplantation. In einem Interview mit der Zeitung „Die Welt" berichtete Ivan Klasnic am 29. Januar 2019, dass er infolge seiner Krankheit morgens elf oder zwölf und abends sechs Tabletten einnehmen müsse.[9]

Am 29. Januar 2020 feierte Ivan Klasnic seinen 40. Geburtstag. Er ist als Spielerberater tätig und steht in der Regel zweimal pro Woche auf dem Platz, zum einen als Spielertrainer der Ü32 von Croatia Hamburg, zum anderen als Kicker einer Traditionsmannschaft.

„Meine Freundin schwärmt für Manni Kaltz. Deshalb ist ein Sieg für mich gegen den HSV so wichtig."[10]

Das Vorbild: André Trulsen

Bubu, der langjährige Zeugwart des FC St. Pauli hat ihn als den vorbildlichsten Profi bezeichnet, den es je am Millerntor gegeben habe.

André Trulsen, genannt „Truller", kommt aus einer Sportlerfamilie. Mit seinem Bruder kickte er gemeinsam in Jugendmannschaften, und sein Vater ist als Schiedsrichter aktiv gewesen. Schon in Kindheit und Jugend beim SV Osdorfer Born wurde André als Verteidiger oder Vorstopper eingesetzt. „Truller" war immer ein unspektakulär auftretender und fairer Manndecker, der seine Aufgaben pflichtgemäß und zuverlässig erledigte. Er tat stets das, was Trainer und Fans von ihm erwarteten, und meist noch ein bisschen mehr. Er ackerte von der ersten bis zur letzten Minute, war hinten ein Garant für Sicherheit und stand auch im gegnerischen Strafraum bei Eckbällen und Flanken von der Außenlinie seinen Mann. André Trulsen war ein hervorragender Kopfballspieler und ein schnörkellos agierender Aufbauspieler, wenn das Spiel nach vorne getragen wurde.

„Truller" agierte stets als ein in sich selbst ruhender Mann, er war keiner, der große Töne spuckte. Er spielte unaufgeregt und dennoch wirkungsvoll.

Als die St. Paulianer 1991 aus der Bundesliga abgestiegen waren, ging André Trulsen zum 1. FC Köln. Infolge von Verletzungen konnte er sich dort aber als Stammspieler nicht durchsetzen und fand den Weg zurück zum FC St. Pauli über den Oberligisten SV Lurup. Von 1994 bis 2002 spielte „Truller" dann wieder für die Braunweißen.

Für den FC St. Pauli hat der Mann, der unter Freunden gelegentlich wegen seiner Vorliebe für Kuchen und Berliner auch „Butter" genannt wird, 177 Bundesligaspiele absolviert. Nimmt man seine 206 Zweitligaspiele und weitere Pflichtspiele hinzu, so ist André Trulsen mit 409 Einsätzen ein Mann der Rekorde beim FC St. Pauli (lediglich bei den Spielen in der 2. Bundesliga wird er von Klaus Thomforde mit 217 Einsätzen übertroffen, und unter Berücksichtigung aller Pflichtspiele rangiert Jürgen Gronau mit 476 Einsätzen vor „Truller").

Im Jahr 2001 wurde er zum „Fußballer des Jahres" in Hamburg gewählt. Aufgrund der langjährigen Einsatzzeiten bei den Braunweißen ist André Trulsen auch der „König der gelben Karten" mit insgesamt 98 „Kartons".

Einige Zeit war André Trulsen ein Trainer in der Warteschleife, und das auch deshalb, weil sein treuer Wegbegleiter und Freund, Holger Stanislawski, sich vorübergehend aus dem Fußball-Geschäft verabschiedete und einem eher berechenbaren Business zugewandt hatte.

Die Trainerkarriere begann er während seiner Interimszeit als Spieler bei Holstein Kiel, als er ab 2003 für ein Jahr die U23 der Fördestädter betreute. Anschließend arbeitete er mit Trainer Holger Stanislawski als Co-Trainer beim FC St. Pauli, bei der TSG Hoffenheim sowie dem 1. FC Köln.

Im Juli 2007 wurde „Truller" beim FC St. Pauli zum Cheftrainer befördert, da Holger Stanislawski noch keine A-Lizenz besaß. Für die Fans des FC St. Pauli wird André Trulsen immer einer der ganz Großen in ihrem Verein bleiben. Für die restliche Fußballwelt in Deutschland ist André Trulsen ein Synonym für den FC St. Pauli.

Seit Juni 2018 arbeitet André Trulsen wieder als Co-Trainer beim FC St. Pauli. Nach sieben Jahren des Fernseins von seinem geliebten Verein FC St. Pauli ist die Vereinslegende vom Millerntor nach eigener Aussage froh und glücklich, wieder „daheim" zu sein.

„In der ersten Liga Bälle zu halten finde ich total geil. Da geht mir voll einer ab."[11]

Das Tier im Tor: Klaus Thomforde

Der Ort, in dem „Das Tier im Tor" geboren wurde, zählt gerade einmal 297 Einwohner, und er heißt Minstedt. Das Dörfchen zwischen Hamburg und Bremen wurde 1974 in die Stadt Bremervörde eingemeindet. Und der frühere Finanzbeamte Klaus Thomforde ist mit hoher Wahrscheinlichkeit der berühmteste Sohn seines Geburtsortes.

Thomforde war bereits Beamter auf Lebenszeit, bevor er sich entschloss, in den Profifußball zu wechseln. Er spielte in der Jugend beim Bremervördener SC und dann, von 1983 bis 1992, insgesamt 378-

mal im Tor des FC St. Pauli. Damit zählt er neben Jürgen Gronau und André Trulsen zu den Top-3-Rekordspielern am Millerntor.

St. Pauli-Spieler Hansi Bargfrede, sein Kumpel, hatte ihn mit zum Training genommen, und Trainer Michael Lorkowski war so begeistert von seinem Torwartspiel, dass er ihm ankündigte, er werde ihn zum Bundesligatorwart machen.

Seine Ehefrau Manuela hat Klaus Thomforde im Clubheim des FC St. Pauli kennengelernt. Sie war Fan des FC St. Pauli und wurde Fan von Klaus Thomforde. Klaus und Manuela Thomforde haben zwei Kinder. Beide Söhne tragen den Namen Klaus in ihren (Doppel-)Vornamen (Malcolm-Klaus und Mortimer-Klaus).

Klaus Thomforde erzählt, dass seine Frau ihn in der aktiven Zeit, wenn er auf dem Platz oder danach über das Ziel hinausgeschossen sei, ermahnt habe, stets mit dem Hinweis, wie sein Verhalten sich auf die Erziehung der Kinder auswirken könne. Das habe ihm dann doch zu denken gegeben.

Ganz anders als manch anderer Akteur seiner Zunft und womöglich auch vollkommen an der Erwartungshaltung derer vorbei, die ihn einmal im Tor haben spielen sehen, ist Klaus Thomforde außerhalb des Spielfelds ein Mann, der nicht so leicht aus der Ruhe zu bringen ist. Wenn er den Spielen seines früheren Klubs am Millerntor zusah, zeigte er keine Regung, und Autogrammwünsche erfüllte er auch mitten im Spiel stets freundlich und den ihn umgebenden Kindern zugewandt.

Als Tormann hingegen wirkte „KLAUUUUS“, wie ihn die Fans manchmal minutenlang zu rufen und bei seinen Super-Paraden zu feiern pflegten, hingegen so, als sei er auf Droge. Es war ihm anzusehen, wie er 90 Minuten lang mitfieberte, wenn das Spiel nach vorne ging, und fast todesmutig wagte er Paraden in seinem Kasten, die ein normaler Sterblicher nicht für möglich halten würde.

Wenn er einen Ball in großartiger Manier gehalten hatte, dann kriegte auch der letzte Zuschauer im Stadion mit, wie unbändig sich der 1,91 m Mann freuen konnte. Dann rieb sich „Das Tier im Tor“ die Hände, schüttelte die Fäuste wie in Ekstase oder machte die Säge. Klaus

Thomforde lebte seine Emotionen auf dem Platz aus, jedoch nicht aus Berechnung, sondern weil seine Freude irgendwie raus musste.

Dem Fußball-Magazin „11 Freunde“ erzählte Klaus Thomforde, er habe sich seine Art Torwart zu sein bei zwei englischen Torhütern des FC Southampton abgeschaut, als man gemeinsam mit dem englischen Klub in einem Trainingslager in Spanien gewesen sei. Die Torhüter Tim Flowers und John Burridge hätten ständig geschimpft wie die Rohrspatzen.[12]

Doch anders als seine englischen Vorbilder lebte Klaus Thomforde auf dem Platz vor allem seine Freude aus. Das gab ihm Selbstvertrauen, und so motivierte er sich in manchen Spielen zu Höchstleistungen auf der Linie.

In wenigen, tragischen Momenten unterliefen ihm auch Fehler, die man einem Mann seiner großen Klasse nicht zutrauen würde. Wahrscheinlich waren sie der Aufregung geschuldet, und so hatten einige

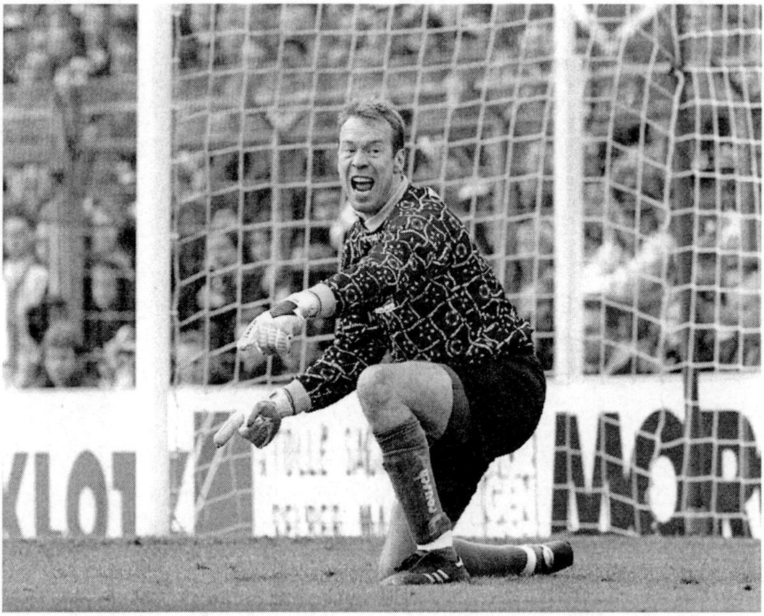

Klaus Thomforde in seinem Element

Zuschauer manchmal bei Torraumsituationen das Gefühl, Klaaaauuuuus wisse nicht, ob er den Ball nun mit der Hand aufnehmen durfte oder mit dem Fuß spielen musste.

Auch nach seiner langen Karriere als Tormann beim FC St. Pauli, die er wegen eines im Training erlittenen Kreuzbandrisses beenden musste, machte der freundliche Mann vom Millerntor seinen weiteren Weg im Fußball. Er arbeitete an unterschiedlichen Stationen als Co- und Torwarttrainer, zunächst bei Holstein Kiel, danach in Litauen, bei Germania Schnelsen und schließlich seit 2013 als Torwarttrainer der deutschen U21-Auswahl.

So oft es geht, nimmt er an den Benefiz-Spielen der FC St. Pauli All Stars teil und engagiert sich auch anderweitig in sozialen Projekten.

„Ich spielte beim FC St. Pauli, weil ich nie etwas anderes kennengelernt habe.“[13]

Der Rekordhalter: Jürgen Gronau

Der Mann hat ein ganzes Leben als Fußballer beim FC St. Pauli zugebracht. 476 Pflichtspiele, davon 318 in Bundesliga und 2. Liga, hat er für seinen Verein bestritten. Das ist Rekord! Doch nicht nur wegen seiner Vereinstreue wurde der Mittelfeldspieler in die Jahrhundertelf des FC St. Pauli gewählt.

Als er 1974 seine Karriere in der 8. Knabenmannschaft des Vereins begann, so Jürgen Gronau im Oktober 2014 im Gespräch mit Buttje Rosenfeld von der Hamburger Morgenpost, sei er schon mit dem Fahrrad zum Training gefahren, und es sei ihm schon damals ein neues Fahrrad wichtiger gewesen als der ganze Zaster. In seinem ersten Spiel schoss er, als Stürmer aufgeboten, gleich sechs oder sieben Tore. In Turnschuhen war er da angetreten. Über die 5. Knabenmannschaft stieß Jürgen Gronau schließlich zur zweiten, weil in dieser Elf so viele Freunde von ihm mitspielten. Dann aber sorgte sein Vater, selbst ein

2.Bundesliga, Saison 93/94

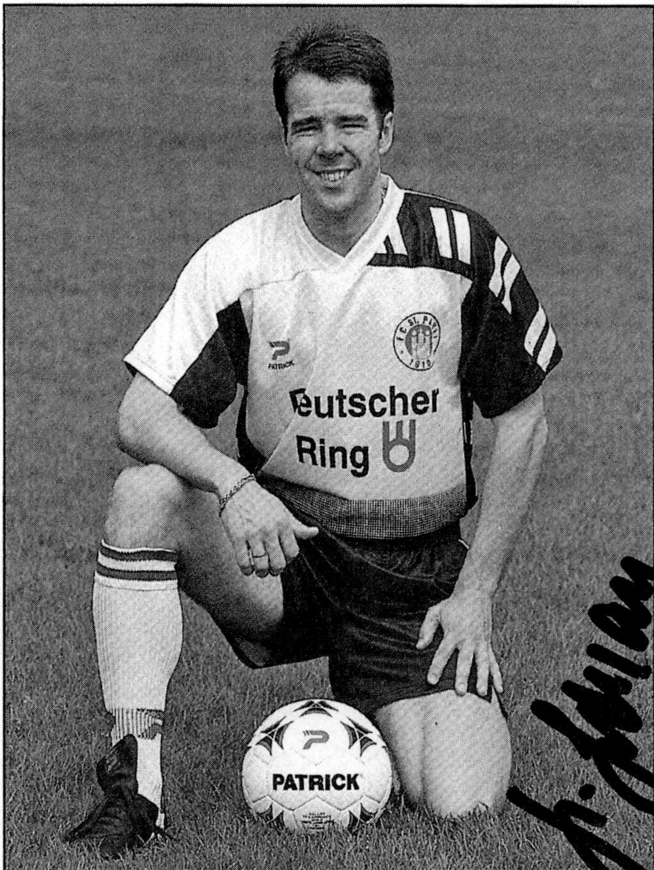

FC ST. PAULI 1910

JÜRGEN GRONAU

Mittelfeld

Strahlemann Jürgen Gronau: 476 Pflichtspiele für den FC St. Pauli

guter Fußballer, dafür, dass er mehr Ehrgeiz entwickelte und in der ersten Knabenmannschaft spielte.

Norddeutschland, Hamburg, der FC St. Pauli und seine Familie aber blieben ihm auch in den folgenden Jahren immer wichtiger, als den Lockrufen aus Köln, Kaiserslautern oder dem Ruhrgebiet zu folgen.

Jürgen Gronau erlernte nicht nur den Beruf des Stahl- und Betonbauers, sondern schloss auch noch eine Lehre als Bürokaufmann ab, weil er nicht nur auf den Fußball als berufliche Zukunft setzte. Er blieb dem Millerntor treu. Hier wurden seine Zähigkeit, die Laufbereitschaft, sein vorbildliches kämpferisches Verhalten und seine Besonnenheit und Übersicht im Aufbauspiel von den Zuschauern gewürdigt, und ihm lag daran, dem Publikum etwas zurückzugeben. Und torgefährlich war der Hamburger Jung obendrein. Im Austeilen war er zudem nicht immer zimperlich. Drei rote Karten handelte er sich im Laufe seiner langen Karriere am Millerntor ein.

Jürgen Gronau sagt von sich, er habe eine so konstant gute Leistung nur deshalb bringen können, weil er sich wohl gefühlt habe beim FC St. Pauli. Das private Umfeld sei für ihn stets wichtig gewesen. So schloss sich zunächst eine Aufgabe als Jugendtrainer bei seinem Heimatklub an die aktive Zeit als Fußballer an.

Ein Wermutstropfen fiel dennoch in die schier unendliche Geschichte von Jürgen Gronau und „seinem“ FC St. Pauli. Im Jahr 2001 musste Jürgen Gronau aus der Presse erfahren, dass für seinen Job als Nachwuchskoordinator ein Nachfolger gesucht wurde. Und gefunden wurde er auch. Es war Andreas Bergmann.

Nach dem Ende seiner Profikarriere spielte und trainierte Jürgen Gronau noch einmal bei SV Halstenbek-Rellingen und Union 03 Altona.

„André Golke ist einmal auf dem Weg vom Hotel zum Stadion dick in die Hundescheiße getreten. Dann hat er im Spiel drei Tore geschossen." (Helmut Schulte über André Golke)[14]

„Früher haben sich unsere Gegner vor Angst in die Hose geschissen, wenn sie bei uns antreten mussten (...). Sie müssen ja nicht so draufgehen und alles umtreten, wie wir das damals getan haben, um uns Respekt zu verschaffen."[15]

Der Goalgetter und die wunderbaren Jahre: André Golke

In der besten Zeit des FC St. Pauli, als der Klub für drei Jahre die erste Liga halten konnte, war André Golke entscheidend daran beteiligt.

In der Kindheit spielte der offensive Mittelfeldmann bei Hausbruch-Neugraben, und über die Jugendmannschaft des HSV begann er seine Laufbahn als Achtzehnjähriger beim FC St. Pauli. Golke, mit Spitznamen auch „Holsten" (weil Bier sein Lieblingsgetränk war) oder „Golle" genannt, machte 98 Bundesligaspiele für die Braunweißen und erzielte in den drei aufeinanderfolgenden Runden 25 Tore.

André Golke lief in den Reihen seiner Millerntor-Elf sowohl als Regisseur, der die Fäden zog, als auch in der Rolle des Torjägers auf. Wie zu seiner Zeit kein anderer am Millerntor konnte er beidfüßig schießen. Für den FC St. Pauli spielte er auch 103-mal in der 2. Bundesliga. Insgesamt erreichte die braunweiße Legende, die auch für den 1. FC Nürnberg und den VfB Stuttgart antrat, 194 Spiele in der Bundesliga (36 Tore) und 198 Spiele in der 2. Liga (37 Tore).

Nach dem Abstieg wechselte der immer gut gelaunte Musterprofi zum 1. FC Nürnberg. Dort kam er gut zurecht und machte 71 Spiele bei den „Cluberern".

Gegen Werder Bremen erzielte er einmal in einem Heimspiel zum Saisonausklang einen Hattrick für den FCN, und der stets zu Späßen aufgelegte „Golle" erklärte dies mit den 3,0 Promille, die er sich am Abend zuvor beim gemeinsamen Umtrunk von FCN und Werder-Spielern eingehandelt habe.[16]

Eine schwere Krankheit hat der überragende Mittelfeldmotor vor einiger Zeit überwunden: Ihm musste eine Niere entfernt werden. Nachdem er wieder völlig gesund war, übernahm er sogar ein Traineramt bei einem norddeutschen Amateurverein südlich von Hamburg, obwohl er als Inhaber einer Versicherungsagentur eigentlich rund um die Uhr beschäftigt ist.

„Da muss man seinen Wirsing halt mal reinhalten." (Fabian Boll)

Das Herz von St. Pauli: Fabian Boll

Fabian Boll vorstellen zu wollen, das hieße Eulen nach Athen tragen. „Das Herz von St. Pauli", so der Titel einer Biografie über den Kriminal-Oberkommissar[17], berichtet ausführlich über den Spieler, der sein ganzes Fußballerleben als erwachsener Spieler am Millerntor verbracht hat. Er war Spieler und zuletzt Kapitän einer Mannschaft, die den Weg von der dritten Liga in die Bundesliga schaffte. Diese Mannschaft, bzw. deren Kern, wird in Fan-Kreisen als „das goldene Team" bezeichnet.

Viele, die ihn als Jugendspieler sahen und kannten, waren gar nicht so sehr überrascht über den unaufhaltsamen Aufstieg des Bad Bramstedter Schlakses, der nach seiner Zeit in der A-Jugend schon bald beim aufstrebenden Schlafstadt-Club SC Norderstedt das Spiel bestimmt hatte. Sein Wirkungsfeld damals war aber weder die Abwehr noch das defensive Mittelfeld. Im schön gemütlichen Edmund-Plambeck-Stadion zu Norderstedt ist Fabian Boll der Zehner gewesen, ein Mann, der die Fäden zog, Freistoß-Kunstschütze und – ja – ein Regisseur.

Für den FC St. Pauli entdeckt hatte ihn Hermann Klauck, die gute Seele des Vereins, und, bei Lichte besehen, ist es eine schöne Geschichte, dass U23 Co-Trainer Fabian Boll und der Mannschafts-

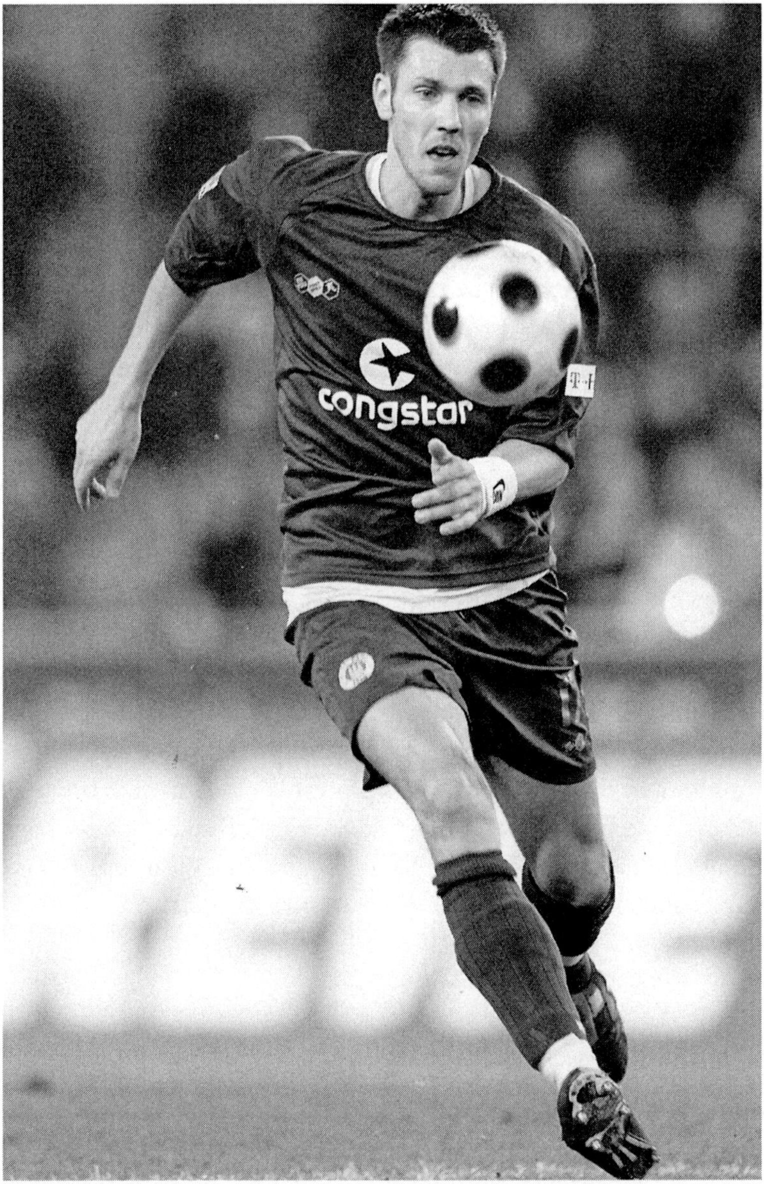

Fabian Boll: Immer hart am Ball. Hier im Spiel 1. FC Köln gegen FC St. Pauli am 1.2.2008

betreuer des Nachwuchsteams am vorläufigen Ende ihrer Karriere im Jahr 2014 und danach noch einmal zusammenkamen. Der Abschied vom Millerntor wird dem Kriminaloberkommissar alles andere als leichtgefallen sein.

307 Spiele hat Fabian Boll für den FC St. Pauli gemacht und 44 Tore erzielt. Jetzt gibt er seine Erfahrung an Spieler weiter, die mit etwas Glück noch das vor sich haben, was er schon hinter sich hat. Es ist eine erfreuliche Fügung des Schicksals, dass Fabian Boll neben seiner Profikarriere jahrelang parallel seinem Beruf als Polizist und Kommissar nachgehen konnte. Im Kommissariat hat er dann auch seine Frau Alexandra kennengelernt, die, wie er, bei der Kripo beschäftigt ist. Das Ehepaar Boll hat zwei Kinder, eine Tochter und einen Sohn. An manchen Sonntagen der letzten Jahre konnte man in Norderstedt bei der U23 der St. Paulianer gleich drei Generationen der Familie Boll begegnen, während Fabian das Spiel seiner Mannschaft begleitete.

Nach dem Abschied vom Millerntor wechselte Boll im Juni 2019 als Co-Trainer zu Holstein Kiel. Dafür wurde er erneut von seinem Arbeitgeber, der Kripo Hamburg, freigestellt. Auch nach der Trennung der Kieler Störche von Trainer André Schubert, mit dem er zu Holstein Kiel gegangen war, blieb Fabian Boll an der Förde, wo er nun gemeinsam mit Torwarttrainer Patrik Borger, seinem Weggefährten und Freund aus St.-Pauli-Zeiten, seine Erfahrung an eine junge und zukunftsträchtige Mannschaft weitergibt.

„Ich erinnere mich noch an mein erstes Trainingslager bei den Profis vom FC St. Pauli. Da musste ich gemeinsam mit Zeugwart, Betreuer und dem dritten Torwart nachts um 2 aufstehen, um das komplette Gepäck der Mannschaft am Flughafen einzuchecken."[18]

„Der Rahner": Christian Rahn

Sie nennen ihn liebevoll den „Rahner".

Wer ihn unter den FCSP-Fans nicht ohnehin schon in- und auswendig kennt, der konnte ihn vor nicht allzu langer Zeit bei den Heimspielen der U23 im Norderstedter Plambeck-Stadion begutachten, wo er häufiger als Kapitän in der Innenverteidigung die Fäden zog. Auf der Tribüne saß seine Frau und schaute ihm zu. Und seine Eltern auch, wenn er wie eh und je und einst im Mai, auf der rechten oder linken Außenbahn seine Gegenspieler in Grund und Boden lief und mit langen Pässen und Flanken glänzte, die ihn zum 5-maligen Nationalspieler werden ließen.

Und was der damals für einen knallharten Schuss hatte, vor allem mit dem Linken. Da rieb sich mancher Zuschauer die Augen: So ein Granatenspieler am Millerntor!

Schon in der U21-Nationalmannschaft war der Rahner 13-mal zum Einsatz gekommen. Von Altona 93 war er zu den Braunweißen gewechselt, und acht Jahre spielte er dann als Außenbahn- und Mittelfeldspieler für die Farben vom Millerntor, bevor er aus sportlichen Gründen zum bei den FC St. Pauli Fans ungeliebten Nachbarn in den Volkspark wechselte. Dort konnte er sich auf Dauer nicht durchsetzen, auch weil er von häufigen Knieverletzungen geplagt wurde, und ging, nachdem ihn Trainer Thomas Doll in die zweite Mannschaft des HSV versetzte, zum 1. FC Köln.

Über weitere Stationen bei Hansa Rostock und Greuther Fürth wechselte er in der Saison 2012/2013 erneut und spielte nun noch 21-mal für den SSV Jahn Regensburg.

Bevor er noch einmal bei Jahn Regensburg in das Spielgeschehen und den Kampf der Oberpfälzer ums Überleben eingriff, war Christian Rahn ein Nationalspieler im Ruhestand gewesen.

Im Sommercamp der VdV (Vereinigung der Vertragsfußballer) in Duisburg hielt er sich fit und wartete auf einen Vertrag bei einem neuen Club. Gemeinsam mit sechzehn anderen arbeitslosen Profis trainierte er einen Sommer lang auf dem Trainingsgelände an der Wedau. Das war eine von der Spielergewerkschaft ins Leben gerufene Form des Überbrückens, die auch psychologische Hilfe für die Spieler anbot, und nach der 80 % der Spieler im Wartestatus an neue Klubs weitervermittelt werden konnten.

Nach dem Abstieg mit dem SSV Jahn Regensburg im Jahr 2013 kehrte „Rahner" schließlich im Alter von 33 Jahren wieder ans Millerntor zurück und verdiente dort sein Gnadenbrot als Taktgeber seiner jungen Mannschaftskameraden.

Seit 2018 arbeitet Christian Rahn als Trainer bei Hamburger SV III.

Der Überflieger: Marcel Halstenberg

Marcel Halstenberg darf man getrost zu den besten Defensivspielern aller Zeiten des FC St. Pauli zählen. Als er im Jahr 2013 zum Millerntor kam, hatte der nun Zweiundzwanzigjährige bereits knapp 90 Spiele in den U23-Mannschaften von Hannover 96 und Borussia Dortmund hinter sich. Sein überdurchschnittliches Talent war den dort Verantwortlichen offensichtlich verborgen geblieben.

Groß gewachsen, zweikampfstark, schnell und mit einem gesunden Offensivdrang ausgestattet, glänzte der rotblonde Verteidiger nun als Stammspieler bei den „Boys in brown". Da der FC St. Pauli in den drei Jahren, in denen Halstenberg das Trikot der Braunweißen trug, sportlich keine herausragende Rolle im deutschen Ligafußball spielte, weckte zunächst auch dessen überdurchschnittlich begabter Außenverteidiger keine Begehrlichkeiten bei ambitionierten Konkurrenzklubs.

Von 2013 bis 2015 erledigte der in der Öffentlichkeit stets zurückhaltend auftretende Außen- und Innenverteidiger die ihm zugewiesenen Aufgaben am Millerntor. Stets gehörte er zu den Leistungsträgern seines Teams, bis ihn dann doch aufmerksame Beobachter für weitere Aufgaben entdeckten.

Thomas Meggle, Sportdirektor des FC St. Pauli, äußerte, dass es mehrere Angebote anderer Vereine gegeben habe, die man ablehnte, weil Halstenberg zu den Leistungsträgern des Millerntor-Clubs gehörte. Marcel Halstenberg sei ein vorbildlicher Profi, zuverlässig und absolut leistungsorientiert.

Als das Angebot der Sachsen auf dem Tisch lag, war der Widerstand bei den Verantwortlichen des FC St. Pauli jedoch gebrochen. Für eine Ablösesumme von dreieinhalb Millionen Euro wechselte der Offensivverteidiger zum damaligen Zweitligakonkurrenten Red Bull Leipzig, einem Verein, der schon in Drittligazeiten durch eine sorgfältige Sichtung und Auswahl seiner Akteure einen hohen Qualitätsanspruch unter Beweis gestellt hatte. Mit den Leipzigern stieg Halstenberg im Jahr 2016 in die Bundesliga auf und schaffte den Vizemeistertitel im darauffolgenden Jahr.

Im Jahr 2017 wurde Marcel Halstenberg zum ersten Mal in die DFB-Nationalelf berufen. Seither hat er 6 Länderspiele absolviert (Stand März 2020).

Mr. Zuverlässig: Robin Himmelmann

Bis Robin Himmelmann bei den Höllenhunden am Millerntor landete, war er schon bei zahlreichen anderen Vereinen durch den Strafraum geflogen, zuletzt bei Rot-Weiss Essen an der Hafenstraße und auch in der U23 der Schalker Knappen. Für den FC St. Pauli stand er zunächst in der zweiten Mannschaft im Tor, bis er dann in der Saison

2014/2015 unter Trainer Thomas Meggle die bisherige Nummer 1, Philipp Tschauner, ablöste.

Regelmäßige Beobachter der zweiten Garnitur waren schon lange der Meinung gewesen, dass Himmelmann das Zeug dazu hatte, größere Herausforderungen zu bestehen.

Die stellte der in Moers geborene Rheinländer dann auch fortlaufend unter Beweis. Gleichermaßen auf der Linie wie im Sechzehner begabt, vereitelte er durch Glanzparaden und gutes Stellungsspiel im Strafraum die Chancen gegnerischer Mannschaften und wies somit nach, dass er zu den besten und zuverlässigsten Torhütern des deutschen Profifußballs gehört.

Unter dem neuen Trainer Jos Luhukay kam es im Herbst 2019 zu einer Debatte um die Nummer 1 im Kasten der St. Paulianer. Der Niederländer bemängelte, dass Himmelmann die Abwehrorganisation

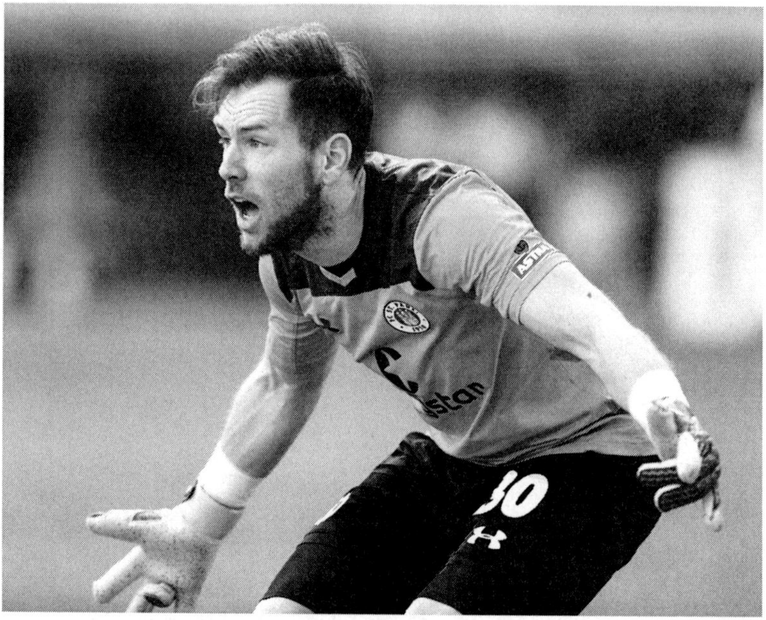

Stets auf der Hut: Robin Himmelmann. Hier im Spiel Fortuna Düsseldorf gegen FC St. Pauli am 4.3.2018

seiner Mannen vernachlässige. Als Torhüter habe er gefälligst dafür zu sorgen, dass die Leute bei Standards richtig positioniert seien. Himmelmann wehrte sich verbal und auch öffentlich – und blieb weiterhin unangefochten Stammtorhüter am Millerntor. Dort und in seiner Wahlheimat Hamburg fühlt er sich heimisch und wohl. Er achtet auf Fitness und tritt stets als disziplinierter Sportler auf, weil er noch möglichst lange im Profigeschäft bestehen will.

Gemeinsam mit Lebensgefährtin Anna, die er seit der Schulzeit in Moers kennt, veröffentlichte er 2013 ein Gutscheinbuch zu Hamburger Cafés, nachdem das Paar zuvor rund 30 Cafés in der Stadt an der Elbe getestet hatte. Zunächst war geplant, die Geschäftsidee auf weitere Städte auszudehnen, doch offensichtlich konzentriert sich der vielseitig begabte und interessierte Rheinländer derzeit auf das Hüten seines Tores.

Ein Kerl wie ein Baum: Henk Veerman

Henk Veerman ist ein Holländer, wie er im Buche steht, und kommt aus dem wunderschönen Touristenstädtchen Volendam am Markermeer. Dort wird seit eh und je guter Fußball gespielt. Und über Jahre hinweg hatte der Name des SC Volendam aus dem 22.000-Seelen-Ort in der holländischen Ehrendivision einen guten Klang. Achtmal stiegen die Hafenstädter in die Ehrendivision auf – und ebenso oft wieder ab. Aktuell zählt der Club zu den Spitzenvereinen in der zweiten holländischen Liga.

In seinem Heimatort, einer Hochburg von Menschen katholischen Glaubens in den Niederlanden, begann Henk Veermann seine fußballerische Laufbahn erst relativ spät, in der B-Jugend.

Als er Anfang 2015 zum friesländischen Ehrendivisionär SC Heerenveen in die Top-Liga der Niederlande wechselte, war der 2-m-Mann Henk, außer zu Fußballspielen, noch nicht allzu weit in der Welt des Fußballs herumgekommen. Ein Volendamer reist nicht gern und ist am liebsten daheim. „Wie es sich für einen echten Volendamer gehört, war ich noch nie außerhalb des Dorfes“, hat Henk Veerman gesagt, bevor es dann, nach drei Jahren, 88 Spielen und 32 Toren in Heerenveen im Jahr 2018 zum FC St. Pauli ans Millerntor ging.

Beim FC St. Pauli ist Henk Veerman eine feste Größe. In seiner ersten Saison erlitt er einen Kreuzbandriss, schaffte danach aber schnell wieder den Anschluss. Der wuchtige Mittelstürmer versteht es, sich im Zweikampf durchzusetzen, ist läuferisch stark und schnell: ein klassischer Mittelstürmer, der äußerst torgefährlich ist. Veerman ist einer, den Defensivstrategen fürchten. Mit Härte und enger Deckung ist ihm nicht beizukommen. Er schirmt den Ball ab, behauptet ihn und trifft in Strafraumsituationen fast immer die richtige Entscheidung.

Anfang März 2020 erlitt Henk Veerman im Heimspiel gegen den VfL Osnabrück eine schwere Schulterverletzung.

Auf der Hand liegt, dass ein Mann seiner Klasse auch interssant für andere Vereine ist. Bliebe er dem FC St. Pauli jedoch treu, dann ist ihm ein Platz unter den Legenden der Kiezkicker so gut wie sicher.

„Der Rasen muss brennen." (Ottmar Hitzfeld) [19]

Kämpfer und Konditionswunder

„Einen größeren Kämpfer als ihn gibt es nicht." (Holger Stanislawski über Walter Frosch)[20]
„Walter war ein Kämpfer." (Uwe Seeler über Walter Frosch)[21]
„Ich rauche lieber eine als zu vögeln."[22]

Der Mann mit den Marlboros im Stutzen: Walter Frosch

Walter Frosch, hat vieles in seinem Leben gemacht, und nicht immer alles richtig. Aber er war ein Kerl wie Samt und Seide. Kaum einer der St. Pauli Profis hat die Nähe zum Kiez so hautnah gelebt, wie Walter Frosch. Dabei kam der gelernte Schornsteinfeger aus der Pfalz zunächst einmal ganz bürgerlich daher. Das Licht der Welt erblickte der stets zu Späßen aufgelegte Defensivmann in der Arbeiterstadt Ludwigshafen. Dort stieg er den Leuten auf die Dächer, doch seine noch größere Begabung brachte er auf dem Fußballfeld zur Geltung.

Weil das Talent schon in den Schülermannschaften seines Heimatclubs Arminia Ludwigshafen aufgefallen war, holten ihn zunächst die Shooting-Stars unter den Amateurvereinen im Südwesten, die Männer vom SV Alsenborn, bevor sich Walter Frosch bei den Roten Teufeln am Betzenberg einen Namen machte.

Einmal davon abgesehen, dass „Froschi" vor einer Bundesliga-Saison aus kaum nachvollziehbaren Gründen gleich zweimal einen neuen Profivertrag unterschrieben hatte, einen beim FC Bayern München, den anderen beim 1. FC Kaiserslautern, gab es zunächst keine besonderen Vorkommnisse in der Karriere des „Kaminfegerbuben".

Den Streit zwischen den Bayern und den Roten Teufeln um seinen Vertrag saß Walter auf Mallorca aus. Die Doppelunterschrift brachte dem guten „Froschi" zunächst einmal vier Monate Sperre des DFB ein.

Sein erstes Spiel in der Bundesliga machte er am 23. November 1974. 39 Jahre später würde er genau an diesem Tag seiner schweren Krankheit erliegen.

Da nicht alle preußischen Tugenden von Walter Frosch mit der Muttermilch eingesogen worden waren, verließ er den Betzenberg nach 43 Bundesligaspielen in Richtung Norden mit der offiziellen Begründung des Vereins (Presseerklärung), einen unsoliden Lebenswandel geführt zu haben. Es war hin und wieder vorgekommen, dass der knüppelharte Vorstopper an den Abenden vor den Spieltagen und bis in den frühen Morgen hinein um die Häuser gezogen war. Auch hatte der Kettenraucher zuweilen in der Halbzeitpause auf der Toilette noch mal ein paar Züge genommen, um für die zweiten fünfundvierzig Minuten aufzutanken. Das war aber auch schon alles gewesen, und so außergewöhnlich war das in jenen Jahren nun auch wieder nicht – in der B-Klasse oder in der Kneipenliga, weniger in der Bundesliga.

Am Millerntor, beim FC St. Pauli, fand Walter Frosch in der Saison 1976/77 seine zweite Heimat. Dort wurde er zu einer Legende. „Wer kämpft, kommt immer gut an", so erklärte sich Walter Frosch seine rasch wachsende Popularität am Millerntor. Neben seinem Job auf dem Platz als Vorstopper, Abräumer und Zerstörer arbeitete „Froschi", wie er auf dem Kiez genannt wurde, zeitweilig auch als Angestellter im Postversand der Geschäftsstelle seines Vereins.

Da er in seiner damaligen aktiven Zeit der Rekordhalter der gelben Karten war (lt. Hamburger Abendblatt 19 gelbe Karten in der Aufstiegssaison 1976/77), wurde vor allem wegen ihm und seiner kompromisslosen Spielweise vom DFB eine neue Regel eingeführt: Nach vier gelben Karten wurde der entsprechende Sünder automatisch für ein Spiel gesperrt. Frosch selbst erhielt übrigens nie eine rote Karte.

Mitspieler berichten, dass Walter Frosch ein guter Fußballer gewesen sei, außerordentlich schnell, und von großer Gewandtheit am Ball. In 27 Spielen ohne Niederlage in Folge sorgte Walter Frosch mit seinen Kameraden vom Millerntor dafür, dass die Mannschaft des FC St. Pauli nach der Saison 1976/77 in die Bundesliga aufstieg.

Aufgrund seiner Begabungen wurde er auch von Bundestrainer Jupp Derwall zu einem Lehrgang der B-Nationalmannschaft eingeladen. Dieses Ansinnen lehnte Frosch aber strikt ab, und beschied den

Bundes-Jupp, dass ein Walter Frosch „nur in der A-Mannschaft oder in der Weltauswahl spiele."

Unzählige Bonmots dieser Art ranken sich um die Legende vom Kiez. Als es mit dem Bus zu einem Auswärtsspiel gegen Eintracht Nordhorn ging, wurde Walter Frosch vergessen, weil er unmittelbar vor der Abfahrt noch einmal zum Klo gegangen war. Das Spiel wurde ohne Walter Frosch mit 0:4 verloren![23]

Das war in einer Zeit, in der das Rauchen noch nicht so verpönt war wie heute. Aus Kostengründen bestand seinerzeit die Möglichkeit für eine begrenzte Anzahl von Fans, mit dem Mannschaftsbus zu den Auswärtsspielen zu fahren. Selbstverständlich rauchten viele der mitreisenden Zuschauer. Die Spieler störte das nicht weiter, denn ein nicht geringer Teil unter ihnen rauchte ganz einfach mit, darunter natürlich auch „Froschi".

Bei einem Bierchen mit einem guten Freund an der Theke der Victoria-Klause nahm er dessen Zigarettenschachtel in die Hand und las den darauf befindlichen Warnhinweis vor: „Rauchen macht impotent." Dann erklärte „Froschi", er sei froh, bereits im Alter von 15 Jahren mit der Qualmerei angefangen zu haben. Sonst wäre er womöglich noch Sexualverbrecher geworden.

Im Internet ist ein Film abrufbar, in dem der bereits sichtlich durch die Tumorerkrankung gezeichnete Walter Frosch bei einem Altherren-Spiel mitwirkt und die Zigarettenschachtel im linken Stutzen trägt. Doch nach der fünften Krebsoperation gestand der nunmehr zwangsweise zum Nichtraucher gewordene eisenharte Walter einem Reporter einer Hamburger Boulevardzeitung, er würde „lieber eine rauchen als vögeln". Da arbeitete „Froschi" schon nicht mehr als Vereinswirt der „Viktoria" an der „Hohen Luft", wo er gewöhnlich bis zu drei Schachteln am Tag, und, bei guter Stimmung, auch schon mal vier Päckchen geraucht hatte.

Von seiner Krankheit in Gaumen und Kehle schwer gezeichnet, besuchte Walter Frosch bis unmittelbar vor seinem Tod die Spiele seines geliebten FC St. Pauli, freundlich gegenüber jedermann, eingemummelt in eine schwarze oder braune Lederjacke oder im Winter in einen dicken, grünen Parka und wie immer mit Haaren bis auf die Schulter und einem Schnauzer über den Lippen, der beim Antrinken eines Biers in den Schaum reichte. Sogar im Rollstuhl sitzend hat Walter Frosch sich in den letzten Jahren die Spiele seines Klubs angesehen.

Walter Frosch war das, was man einen „ganzen Kerl" nennt. „Froschi" wusste selbst, dass er nicht wie ein vorbildlicher Sportler gelebt hat. Aber gekämpft hat er nun wirklich wie kein Zweiter. Zuerst auf dem Fußballplatz und dann um sein Leben.

Walter Frosch im Jahr 2009 zu seinen Gelben Karten im Gespräch: „Gelbe Karten? Ich hatte mich immer im Griff. Irgendjemand hat gesagt, es waren 27 Karten. Vielleicht hat der die Freundschaftsspiele mitgezählt. Dann haben sie das geschrieben. Ich habe mir keine großen Gedanken darüber gemacht, ob das stimmt. Ich zähle ja nicht von Spiel zu Spiel meine gelben Karten, bin ja kein Buchhalter. Aber ob nun 18- oder 19-mal Gelb, das ist ja Wurscht, es ist ohnehin wahrscheinlich Weltrekord. Da wo mich die Trainer hingestellt haben, konnte ich nicht mit dem Ball tanzen. Ich hatte mich immer im Griff, wer mich kennt, der weiß das. Wenn es sein musste, na gut, dann gab's was auf die Socken. Vorzuwerfen habe ich mir nichts, hab nie Rot kassiert. Und nach dem Spiel war immer alles in Butter. Es gab keinen, mit dem ich nicht noch ein Bier nach dem Spiel hätte trinken können. Oder auch eine rauchen. Am besten beides. Aber wenn die gegen mich gespielt hatten, dann waren die immer ganz kaputt oder gleich weg nach den 90 Minuten."

Buttje Rosenfeld, einst Mitspieler von „Froschi" und seit Jahren Journalist bei der „Hamburger Morgenpost" mit Schwerpunkt der Berichterstattung zum FC St. Pauli schrieb zum Tod von Walter Frosch:

„Einer der ganz großen St. Paulianer ist tot. Er starb am Sonnabendnachmittag nach 17 Jahren Kampf gegen den Krebs, schlief nach wochenlangem Wachkoma in der Hamburger ‚Schön-Klinik' friedlich ein.

Du bist 1976 aus Kaiserslautern zu uns gekommen. Solltest dabei mithelfen, dass wir spätestens in zwei Jahren in der Bundesliga landen. Wir schafften es bereits im ersten Jahr, was neben den 27 Toren von

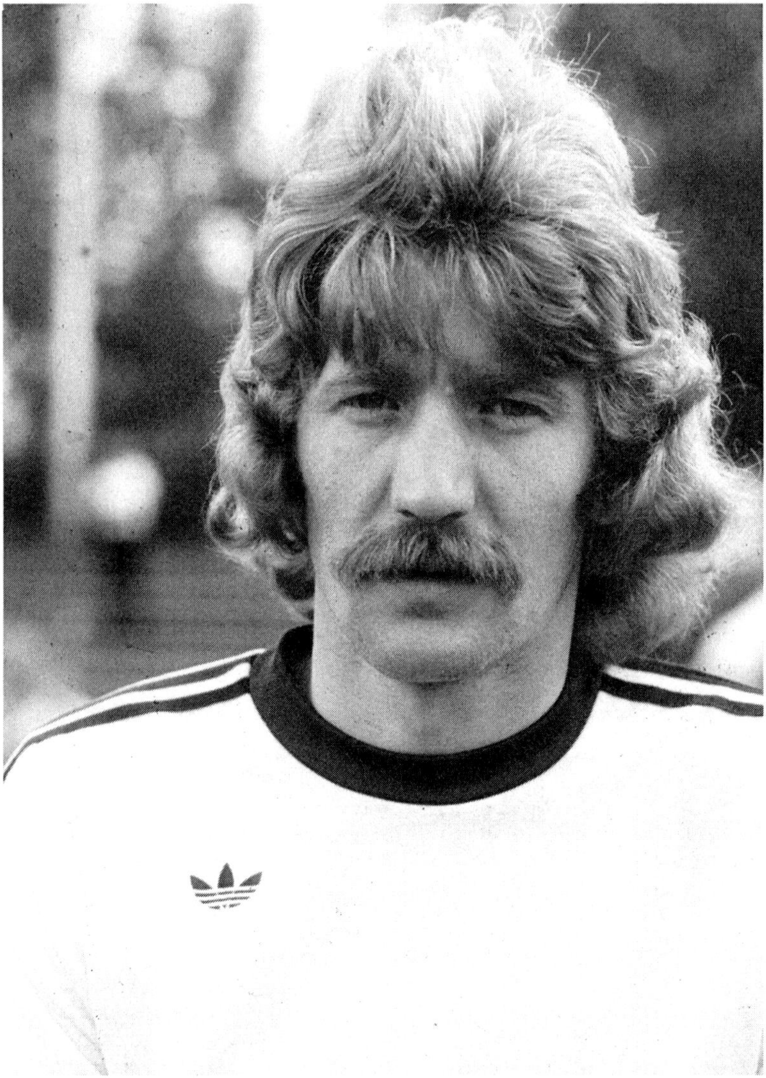

Walter Frosch, der Mann, der niemals aufgab.

Franz Gerber vor allem Dein Verdienst war, weil Du der Mann warst, der niemals aufgegeben hat … Du warst eisenhart auf dem Platz. Dein Gegenspieler hätte ich nicht sein mögen…Obwohl du eher schmächtig warst, hattest Du niemals Angst … was mich anfangs baff machte: Du hast noch kurz vorm Anpfiff, manchmal auch in der Halbzeit eine Zigarette durchgezogen. Und Du konntest verdammt viel Alkohol vertragen … Doch am nächsten Morgen, beim Training, hast Du trotzdem wieder Vollgas gegeben…Trotz Deines Schicksals hast Du nie geklagt oder gejammert. Und auch nicht nach der zwölften, schweren Operation. ‚Durch meinen Lebenswandel habe ich selbst schuld. Allerdings: Trotz allem bereue ich nichts', sagtest Du mir einmal. In der Tat hast Du zu viel geraucht und getrunken, wenig geschlafen, und Dich ungesund ernährt. Bei Dir zu Hause hattest Du immer nur drei Dinge: Deine Marlboro, Coca-Cola und Maggi-Würze … Wenn unsere Aufstiegsmannschaft von 1977 sich am Sonnabend diesmal ohne Dich trifft, werden wir alle schrecklich traurig sein. Du warst einer der bemerkenswertesten Menschen und Mitspieler, die ich jemals kennengelernt habe. Schön, dass wir uns kennengelernt haben, Tschüs, Froschi, mein Freund."[24]

„Die spielen hier, übertrieben gesagt, Frauenfußball." (Marcel Rath zur Qualität des zypriotischen Fußballs)

Das Kampfschwein: Marcel Rath

Wer Marcel Rath hat spielen sehen, der kann sich kaum vorstellen, dass dieser Mann im „Café Koog" seiner Freundin Berit Wilkens im Wesselburener Koog als Kellner gearbeitet und bedient hat. So ein Job passt eigentlich nicht zu ihm.

Denn Marcel Rath, in Frankfurt an der Oder geboren, war für Holger Stanislawski, seinen Mitspieler, und seinen ehemaligen Trainer Jürgen Röber bei Hertha BSC, ein Mann, der im Strafraum mit seinem

Schädel als Angreifer dahin ging, wo andere nicht einmal den Fuß hingehalten hätten. Und so nannten ihn einige seiner Freunde, Mitspieler und Fans fortan „Schädel-Harry".

Die gebräuchlicheren Spitznamen für Marcel Rath waren allerdings „Das Kampfschwein" oder ganz einfach „Harry". Harry deshalb, weil sein Vater mit Vornamen Harry hieß. Als er bei Chemie PCK Schwedt in der Jugend spielte, habe es dort drei Jungen mit dem Vornamen Marcel gegeben. Da habe er sich ganz einfach den Namen seines Vaters „geliehen".

Bevor Marcel Rath am Millerntor zum Publikumsliebling wurde, hatte er bei Hertha BSC und Energie Cottbus als Profi gespielt, sich dort jedoch nicht entscheidend gegen die Konkurrenz durchsetzen können. Und mit Trainer Eduard Geyer hatte er auch so seine Probleme. Der war ein Autoritärer gewesen, der Wert auf bestimmte preußische Tugenden legte. Auch der Ohrring, den Marcel Rath trug, soll „Ede" nicht gefallen haben. Doch angepasst war „Harry" wohl noch nie, und Gehorsam hatte wohl nie zu den herausragenden Eigenschaften von Marcel Rath gehört.

Beim FC St. Pauli war er sofort daheim, er erzielte er in seiner ersten Saison am Millerntor in 27 Spielen 15 Tore (insgesamt 58 Spiele für den FC St. Pauli, 19 Tore) und wurde damit zu einem der wichtigsten Spieler für den Wiederaufstieg seines Vereins in die Bundesliga. „Der passt zu uns", hatte ihm Trainer Didi Demuth attestiert.

Ausführlich berichtete die Hamburger Morgenpost über die Essgewohnheiten des Stoßstürmers in den Reihen der Braunweißen: „Die Energie für seine eindrucksvollen Auftritte holt er sich (...) im Eidelstedter ‚Schweinske' (...) Normalerweise macht Harry dreimal am Tag den Weg aus seiner gegenüberliegenden Wohnung zum Futtertrog. Morgens, mittags und abends"[25].

Das Hamburger Boulevardblatt weiß zu berichten, dass Marcel Rath morgens zwei Butterbrötchen zu sich nahm, nach dem Training drei weitere Brötchen (mit geräuchertem Schinken, Camembert und Spiegelei) vertilgte und dann bis zum Mittagessen wartete. Dann wird ein Jägerschnitzel mit Pommes serviert. Beim Abendmahl soll sich „Harry" dann etwas zurückgehalten haben. „Von Grünkernfrikadellen und Gemüse-Eintopf will er aber dann auch nichts wissen", berichtet die Hamburger Morgenpost in ihrem Ess-Report. Stattdessen bevorzugte er abends eine Grillkartoffel mit Kräuterquark und gekochtem Schinken. (Da können die FC St. Pauli-Fans froh sein, dass der damalige Trainer Dietmar Demuth und nicht Ewald Lienen hieß.)

Auf dem Platz, dann, wenn es galt, war „Harry" immer zu 100 % präsent. In der höchsten Spielklasse Deutschlands bestritt er 31 von 34 möglichen Spielen für die Braunweißen. Obwohl er nun nicht mehr zu so vielen Torerfolgen kam, imponierte er den Zuschauern durch seinen unbändigen, ja wilden Einsatzwillen. „Harry" war der, der wie kein anderer nie aufgab. In jener Saison war er der Stürmer, gegen den die meisten Fouls begangen wurden.

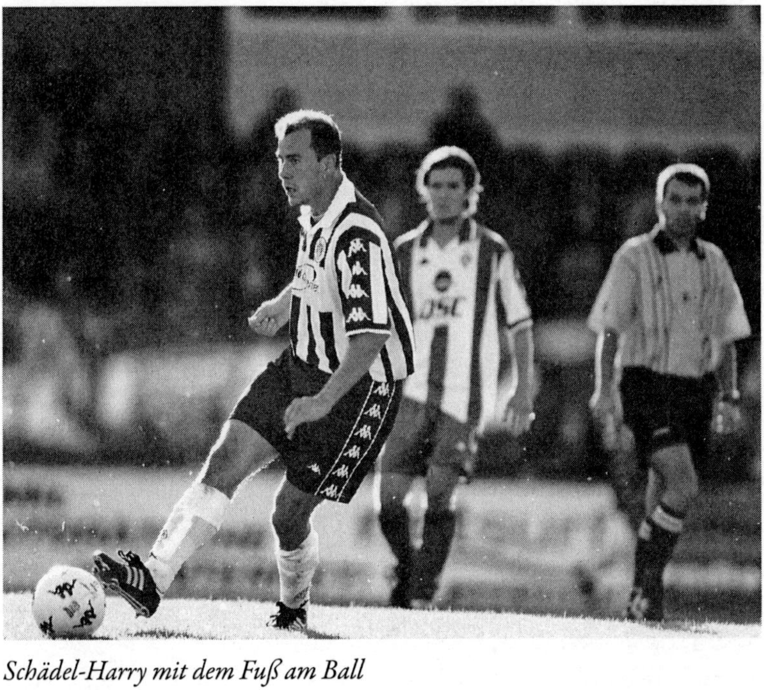

Schädel-Harry mit dem Fuß am Ball

Die Popularität des Mannes aus der Mark Brandenburg beim FC St. Pauli sollte in seinen Folgeengagements nicht mehr übertroffen werden.

Über Rot Weiß Ahlen und Waldhof Mannheim (dem Klub der harten Männer) gelangte er in die erste Liga der Insel Zypern und von dort aus landete er schließlich beim FC Sylt, einer Art „Kunstklub", der von einem Hotelbesitzer der nördlichsten Insel Deutschlands gesponsert wurde. Der hatte den Kämpfer vom Millerntor hinter dem Tresen des Wesselburener Cafés wiedergefunden und vom Fleck weg verpflichtet.

Der Höhenflug des FC Sylt aber hielt nicht lange an, und dann trat Harry, das Kampfschwein, die Rückreise dahin an, von wo er einst ausgezogen war, gegnerische Verteidiger das Fürchten zu lehren. Er spielte im Alter von 37 Jahren noch einmal beim FC Stahl Eisenhüttenstadt und übernahm dann dort das Amt als Chef-Jugendtrainer.

Heute lebt Marcel Rath in Wiesenau, einem kleinen Ort im Osten des Landes Brandenburg (Oder-Spree-Kreis).

„Der Schlindwein müsste für seine Spielweise heute noch einsitzen." (Dieter Schatzschneider)[26]

Der „Eisen-Dieter": Dieter Schlindwein

Selbst in „adidas"-Schuhen Marke „Samba" hätte Dieter Schlindwein jedem seiner Gegenspieler das Gefühl geben können, dass er es mit einem Verteidiger zu tun hat, der mit Stahlkappen angetreten ist.

Schon im Alter von 17 Jahren wurde Schlindwein als Profispieler zum SV Waldhof Mannheim gelotst: dahin, wo die härtesten Verteidiger Deutschlands von knüppelharten Trainern zu kompromisslosen Manndeckern erzogen wurden. Der SV Waldhof Mannheim, vor vielen Jahrzehnten als Heimstatt eines gepflegten Fußballspiels bekannt, avancierte unter Trainer Klaus Schlappner & Co zur Schule der Vorstopper in deutschen Landen. Namen wie Karlheinz und Bernd Förster, Paul Steiner, Roland Dickgießer, Jürgen Kohler und Christian Wörns bürgten für 1A-Qualität in den hinteren Reihen.

Auch Dieter Schlindwein, genannt „Eisen-Dieter“, galt in seinen besten Jahren landauf, landab als gefürchteter Abwehrrecke und erlernte sein Handwerk als Eisenfuß vor dem eigenen Sechzehner in der nordbadischen Arbeiterstadt.

Dabei hatte er doch einst ganz andere Ambitionen. Dem Fußball-Fachorgan „11 Freunde“ gab er zu Protokoll: „Mein Vorbild war Beckenbauer. In der Jugend habe ich immer nur mit dem Aussenrist gespielt, und das nahezu körperlos. Zweikämpfe habe ich erst gelernt, als ich es musste.“ [27.]

Wer Dieter Schlindwein damals beim Heimspiel im Kampf gegen Giovanni Elber vom VFB Stuttgart gesehen hat, der weiß, wie man sich so etwas vorzustellen hat. Eisen-Dieter kannte kein Pardon, und das von ihm perfekt beherrschte Spiel „Mann gegen Mann“ war für seine Gegner kein Zuckerschlecken.

Der SV Waldhof war 1980 Deutscher A-Jugendmeister geworden, die meisten Spieler wurden übernommen, und so gelang der Aufstieg in die erste Bundesliga. Dieter Schlindwein war dabei. Von wenigen Ausnahmespielern wie Alfred Schön, Uwe Rahn oder Maurizio Gaudino einmal abgesehen, gehörte es zum Repertoire aller Spieler vom SV Waldhof, bis zum Umfallen zu kämpfen und in der Begegnung mit Gegenspielern nicht zimperlich zu sein.

Lange bevor der Mann fürs Grobe am Millerntor zuwerke ging, stand er im Notizbuch des Bundestrainers, gehörte zum Kader der Olympiaauswahl für Los Angeles und spielte auch für Werder Bremen und die Frankfurter Eintracht in der Bundesliga.

Als er zum ersten Mal das braunweiße Trikot überstreifte, war der zuverlässige Verteidiger immerhin bereits 28 Jahre alt. In den Jahren 1989 bis 1996 trat er 144mal für den FC St. Pauli an. Im Anschluss an seine Profikarriere arbeitete Eisen-Dieter zeitweilig als Co-Trainer der Profis und als A-Jugendtrainer für den FC St. Pauli. Er ist Inhaber der DFB-Trainer A-Lizenz.

In Erinnerung geblieben ist er einigen sensiblen Fußballfans, weil er seinen brasilianischen Mitspieler Leonardo Manzi im Jahr 1994 in einem Trainingslager nach einem Zweikampf im Zorn beschimpft haben soll. Dafür entschuldigte sich Dieter Schlindwein sofort, doch sein Fehlverhalten wird ihm von vielen Kritikern bis heute nachgetragen.

Noch immer wird er regelmäßig bei Heimspielen des FC St. Pauli gesehen, stets in korrekter Kleidung und im Outfit eines Dressmans, gutaussehend, zurückhaltend und schweigsam.

Bubu, der langjährige Zeugwart des FC St. Pauli erinnert sich daran, dass „Eisen-Dieter sich immer so mit Parfüm eingeplustert habe“, das hätte so gerochen wie im Puff. Dieter Schlindwein wird darüber gelächelt haben.

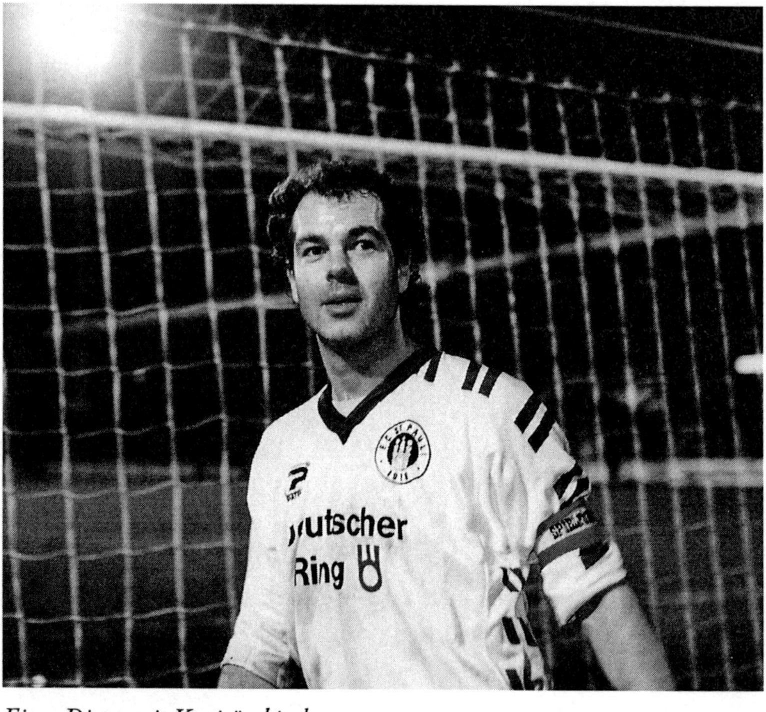

Eisen-Dieter mit Kapitänsbinde

Fair geht vor: Dirk Dammann

Als die Fans des FC St. Pauli ihre „Jahrhundert-Elf" gewählt hatten, war die Berücksichtigung von Dirk Dammann sicher eine der größten Überraschungen. Schon in der Jugend machte der 1,91 Meter-Mann durch geschicktes Aufbauspiel und entsprechende Übersicht auf sich aufmerksam. Zum Aufstieg seines Stammvereins VfL Stade in die drittklassige Oberliga trug der junge Ballverteiler einen erklecklichen Anteil bei. Und weil er in seiner Region als Fußballer herausragte, holte man ihn als Mittelfeldspieler ans Millerntor.

Beim FC St. Pauli wurde Dirk Dammann meist als reiner Defensivspieler eingesetzt. Er überzeugte durch gutes Stellungsspiel, er verlieh der Abwehr Sicherheit und war ein starker Kopfballspieler, der den Luftraum im eigenen Strafraum beherrschte und im gegnerischen 5-m-Raum auch mal für ein Tor gut war.

260 Spiele absolvierte Dirk Dammann für den FC St. Pauli, 81 davon in der 1. Bundesliga. In seiner Zeit als Profi wurde Dammann nie des Feldes verwiesen.

Vom FC St. Pauli wechselte er zum benachbarten 1.SC Norderstedt. Nach zwei Jahren beendete er seine Laufbahn im Verein seiner Jugend, beim VfL Stade. Dort war er zunächst als Teammanager tätig; seit 2018 trainiert er das Team.

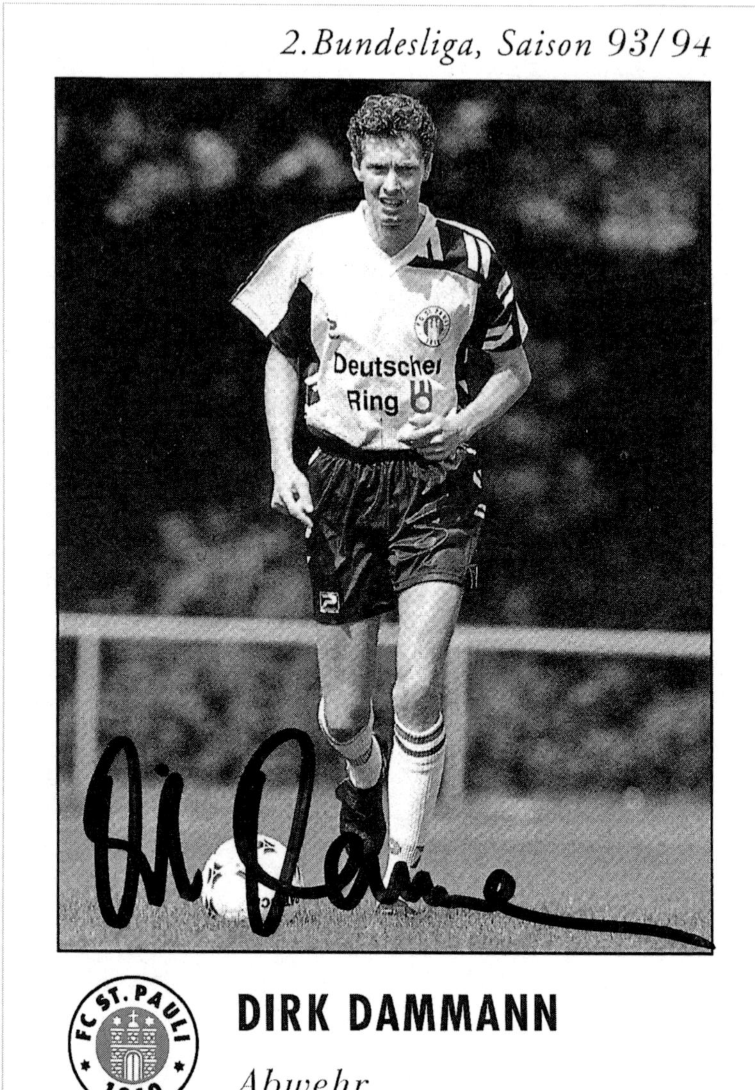

Technisch versiert: Dirk Dammann

„Wir werden nicht älter, nur reifer und weiser."

Immer unterwegs: Thomas Seeliger

Was kaum jemand weiß: Thomas Seeliger wurde im Sauerland geboren. Sein Geburtsort, die Kleinstadt Medebach (64% CDU-Stimmenanteil in der Gemeindevertretung), liegt auf halber Strecke zwischen der Wintersportidylle Winterberg und dem wunderschön gelegenen Edersee.

Was kaum jemand ahnt, der den Mann beim FC St. Pauli gesehen hat: Thomas Seeliger war auch als Profi zunächst einmal Stürmer.

Bevor er in die Schule kam, begann der kleine Thomas beim FC Roland Wedel, westlich von Hamburg gelegen, mit dem Fußball. Dorthin war er mit seinen Eltern umgezogen. Roland Wedel war der erste Club, dem noch viele folgen sollten: der Wedeler TSV, Blau-Weiß 06 Schenefeld, Concordia Hamburg, Altona 93. Von Altona ging es weiter zu den Düsseldorfer Fortunen. Alexander Ristic hatte ihn entdeckt. Da war er noch ein Stürmer, der auch im Mittelfeld einsetzbar war. Und nebenbei absolvierte er eine Ausbildung beim Zoll.

Auch nach seinem Wechsel zur Braunschweiger Eintracht brachte er es als Angreifer in zwei Jahren auf 14 Tore. Die nächsten Stationen waren AS Nancy (wo er vom Trainer „geschnitten" wurde, weil der Deutsche nicht mochte), der SC Freiburg, TSV 1860 München, VfL Wolfsburg – und zum zweiten Mal Fortuna Düsseldorf.

Mit dem Wechsel zum FC St. Pauli machte Thomas Seeliger das Dutzend voll. Inzwischen war aus ihm – wie aus so vielen einst hoffnungsvollen Offensivkräften – ein gnadenloser, knüppelharter Abwehrmann geworden, laufstark noch immer, kopfball- und über die Maßen kampfstark. In die Manndeckerposition beordert hatte ihn der Freiburger Trainer Volker Finke.

Beim FC St. Pauli war Thomas Seeliger eine verlässliche Größe in der Abwehr. Schnörkellos und immer mannschaftsdienlich machte er seinen Job, und oft mehr als das. Er fehlte, als er ging.

Es folgten Engagements beim SC Norderstedt, bei Victoria Hamburg, dem Lüneburger SK und SV Todesfelde. Dort, bei einem Dorfklub, der von einem regionalen Sägewerks- und Zimmereibesitzer gesponsert wird, beendete er seine lange, wahrlich wechselvolle Karriere als Spieler. Wo immer er spielte, gab er sein Bestes. 239 Zweitligaspiele und 86 Bundesligaspiele hatte der Mann gemacht, viel gesehen, viel gelernt und vieles bewegt.

Der Weg zurück in eine Beamtenlaufbahn war nun nicht mehr möglich.

Thomas Seeliger machte eine Ausbildung zum Sport- und Fitnesskaufmann. Er gründete eine Fußballschule, in der auch André Golke und Marcus Marin mitarbeiten, und er führte den Verein Eintracht Norderstedt als Trainer in die Regionalliga Nord. Parallel zu seiner Trainertätigkeit in Norderstedt absolvierte er erfolgreich den Lehrgang zum Erwerb der Lizenz als Diplom-Fußball-Lehrer. Heute trainiert Seeliger die zweite Mannschaft von Weiche Flensburg 08. Im März 2020 meldete die Presse, dass Thomas Seeliger Nachfolger von Daniel Jurgeleit als Trainer der ersten Garnitur der Flensburger wird.

Den FC St. Pauli hat Thomas Seeliger als eine Art fußballerische Heimat bezeichnet. Obwohl er weit in der Welt des runden Leders herumgekommen ist.

„Lelle ist ein wahnsinniger Pusher für die Mannschaft, ein positiver Charakter mit einem unglaublichen rechten Huf (…) und ist für jeden Gegner eklig zu spielen.“ (Holger Stanislawski über Florian Lechner)[28]
„Lechner lebt St. Pauli und den FC.“ (Lutz Wöckener, Journalist)[29]

Der Dampfmacher: Florian Lechner

Unter den Spielern der letzten zwanzig Jahre, die im Herzen der Fans des FC St. Pauli einen festen Platz haben, dürfte ganz gewiss auch der in Ellwangen in Württemberg geborene Florian Lechner, genannt „Lelle“, zu finden sein.

Nach „Lehrjahren“ in den Jugendmannschaften des VfB Stuttgart und fast 100 Einsätzen bei den VfB-Amateuren stieß Florian Lechner 2004 zum Millerntor. Beim damaligen Drittligisten war er Stammspieler auf der rechten Außenbahn und glänzte durch beinhartes Tackling und dynamisch vorgetragene Sturmläufe über das ganze Feld, die meist mit hohen, brandgefährlichen Flanken von rechts in den Strafraum abgeschlossen wurden.

Durch seinen unermüdlichen Einsatz und seine Kampfbereitschaft, durch seine oft mit rudernden Armen signalisierten Aufforderungen an die Zuschauer, Stimmung zu machen, trug er entscheidend dazu bei, dass der Klub vom Millerntor wieder in die 2. Liga zurückkehrte.

Dann aber brach sich „Lelle“ in den Trainingsvorbereitungen für die 2. Liga in Schneverdingen das Wadenbein. Wohl kaum einer der Spieler hatte sich so sehr auf den Start in der 2. Liga gefreut, wie der gebürtige Schwabe. Ärzte prognostizierten, dass Lechner für mindestens 3 Monate ausfallen würde. Aus den drei Monaten aber wurde zunächst eine ganze Saison, infolge einer durch eine Titan-Allergie eingetretene Knochenhautentzündung, und dann – wegen eines Fersensporns – noch einmal eine komplette Hinrunde. 577 Tage war „Lelle“ ohne Pflichtspiel (siehe dazu auch Hamburger Morgenpost, „Ich bin wieder unter den Lebenden“, 30.12.2008).

In der Rückrunde ging es dann ab Februar endlich wieder aufwärts für den vom Publikum so sehr vermissten Mann mit der Nummer 2. Trotz der schrecklichen Verletzung und der langen Auszeit danach kam „Lelle“ auf 115 Einsätze beim FC St. Pauli. Er begleitete und unterstützte seinen Klub mit immerhin 14 Einsätzen in der 1. Liga.

Nach dem Abstieg aus Liga 1 wurde sein Vertrag nicht verlängert, ebenso musste Marcel Eger den Verein verlassen. Beide waren im Laufe der Jahre zu guten Freunden geworden. Nicht nur, dass sie gemeinsam immer alles gegeben hatten für den FC St. Pauli, nicht nur, dass sie oft über die eigenen Kräfte hinaus gefightet hatten wie die Berserker: Auch zu den Fans unterhielten sie in ihrer gesamten Zeit am Millerntor eine nahe und freundschaftliche Zuneigung. Da war es völlig unverständlich, dass der Vorstand um Präsident Stefan Orth wohl mehr oder weniger vergaß, den beiden Spielern einen angemessenen Abschied zu bereiten.

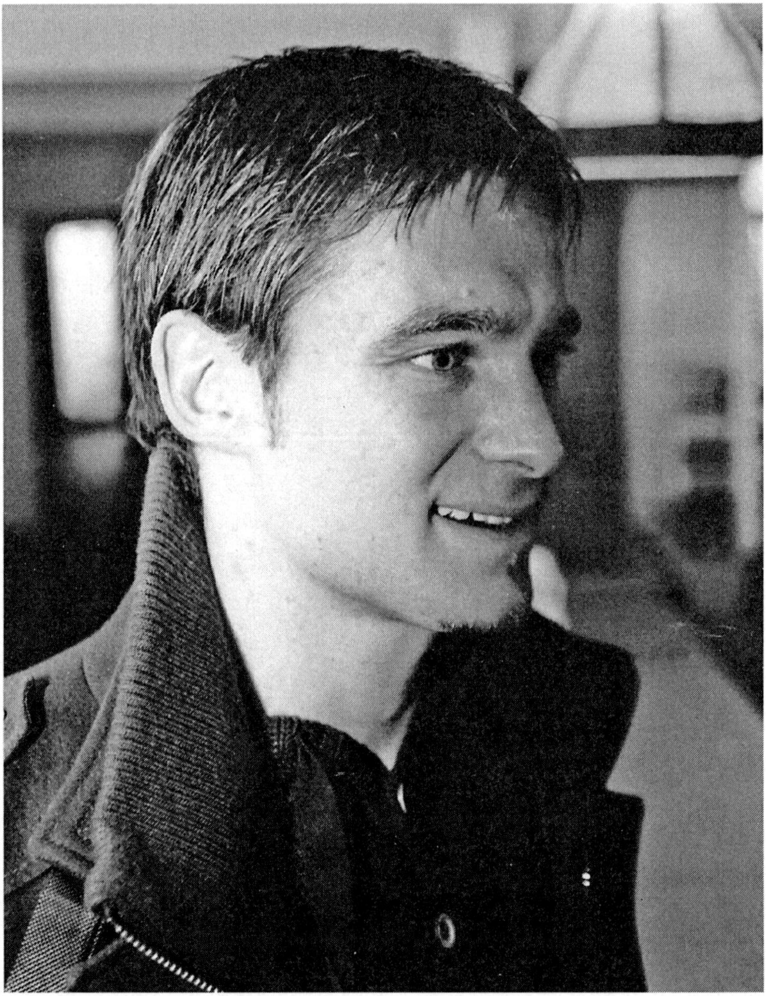

Florian Lechner bei einer Autorenlesung am Millerntor

Den besorgten sich „Lelle“ und „Egi“ dann selbst. In eigener Regie organisierten sie gemeinsam mit FC-Spieler Marvin Braun ein Abschiedsspiel in der Adolf-Jäger-Kampfbahn des SC Altona 93. Und mit von der Partie waren Fabian Boll, Marius Ebbers, Michel Mazingu-Dinzey und „Ralle“ Gunesch. Knapp 5.000 Zuschauer kamen, gefeiert wurde mit den Fans und der befreundeten Band „Fettes Brot“ bis morgens früh um sechs.

Zwischenzeitlich hatte der umtriebige und immer freundlich-humorvolle Florian Lechner gemeinsam mit seiner Frau Sabrina einen T-Shirt-Shop im Hamburger Schanzenviertel eröffnet. Am Eröffnungstag war damals die halbe Mannschaft erschienen, dazu auch André Trulsen, um „Lelle“ und dessen Frau die Ehre zu erweisen.

Nach einer Zwischenstation beim Karlsruher SC machte sich „Lelle“ auf, um seine Art des Fußballspielens in der US-Major Soccer League zu zelebrieren. Dort spielte er für den Klub „New England Revolution“. Die „Revs“ haben ihre Heimat in Foxborough, Massachusetts, rund 35 km südlich von Boston.

Florian Lechner betreibt heute ein Studio für Osteopathie und Personaltraining in Hamburg. Seit 2019 arbeitet „Lelle“ auch im Betreuer- und Beraterteam des FC St. Pauli mit.

„Ich bin St. Paulis Mutter der Kompanie.“[30]

Der Langstreckenläufer: Timo Schultz, genannt „Schulle“

Timo Schultz ist weder ein Messi noch ein Günther Netzer. Er war ein Laufwunder, ein Motivator, ein Beißer, einer, der nie aufgab. Gelbe Karten pflasterten seinen Weg. Seine spielerischen Möglichkeiten wurden dennoch oft genug unterschätzt. Jeder, der die Gesetze des Fußballs kennt, weiß, dass man schon ein sehr guter Fußballer sein muss, um auf dem Niveau und in den Klassen zu spielen, in denen der gebürtige Ostfriese unterwegs war.

Seine fußballerische Laufbahn begann in seiner Heimatstadt bei TuS Esens und führte ihn über Werder Bremen, den VfB Lübeck und Holstein Kiel ans Millerntor.

In Kiel war er von seinem damaligen Trainer Frank Neubarth in die Zweite zurückversetzt worden. Auf Forderung der Fans wurde er jedoch erneut in der ersten Mannschaft aufgeboten und konnte überzeugen.

Trotzdem wechselte er und kämpfte von nun an am Millerntor. Nach einigen Spielen in der U23 wurde er eine der Stützen in der Profi-Elf und war somit am Aufstieg in die zweite Liga durch seine Kampfstärke und seinen Willen in hohem Maße beteiligt. Zudem galt er in der Mannschaft als Motivator, der seine Kollegen auf dem Platz immer wieder anspornte und Mut machte. Timo Schultz gehört also zu den wenigen Spielern im bezahlten Fußball, die den Aufstieg von der dritten Liga in die Bundesliga schafften.

In seiner aktiven Zeit als Spieler verwaltete Timo Schultz nebenbei die Mannschaftskasse und hatte den Ruf, ein gnadenloser Inkasso-Eintreiber zu sein.

Hermann Klauck, der Mannschaftsbetreuer der U23, charakterisierte „Schulle“ als „geradlinig, ehrlich, nett und menschlich einwandfrei.“

Timo Schultz war als Co-Trainer und ist als jetziger Koordinator und Cheftrainer in der Jugendarbeit beim FC St. Pauli eine ideale Besetzung für die Aufgabenstellung, junge Talente zu guten Fußballern und lebenstüchtigen Menschen auszubilden. Er hat bestimmte Vorstelllungen von Tugenden, die unerlässlich sind, um im Fußball nach vorne zu kommen. Sie haben auch etwas mit Ordnung und Disziplin zu tun, mehr aber noch mit seinem Verständnis von Anstand, Ehre und Kameradschaft.

Privat ist „Schulle“ glücklich mit Ehefrau Mareelke verheiratet und Vater zweier Kinder. Mit Söhnchen Paul kann man ihn häufig auch als

Beobachter bei Spielen seines ehemaligen Klubs Holstein Kiel sehen. Regelmäßig besucht „Schulle“ auch die Begegnungen der U23 seines FC St. Pauli. Timo Schultz arbeitet jetzt als Trainer im Nachwuchsleistungszentrum des FC St. Pauli. Bei Holstein Kiel war er nach der Trennung von Trainer Schubert als Cheftrainer im Gespräch.

Neben seiner fußballerischen Karriere hat Timo Schultz die Fächer Sport und Geschichte an der Hamburger Universität studiert, mit dem Ziel, Lehrer zu werden. Noch ist nicht endgültig entschieden, wohin der weitere Weg des sympathischen „Schulle“ führen wird.

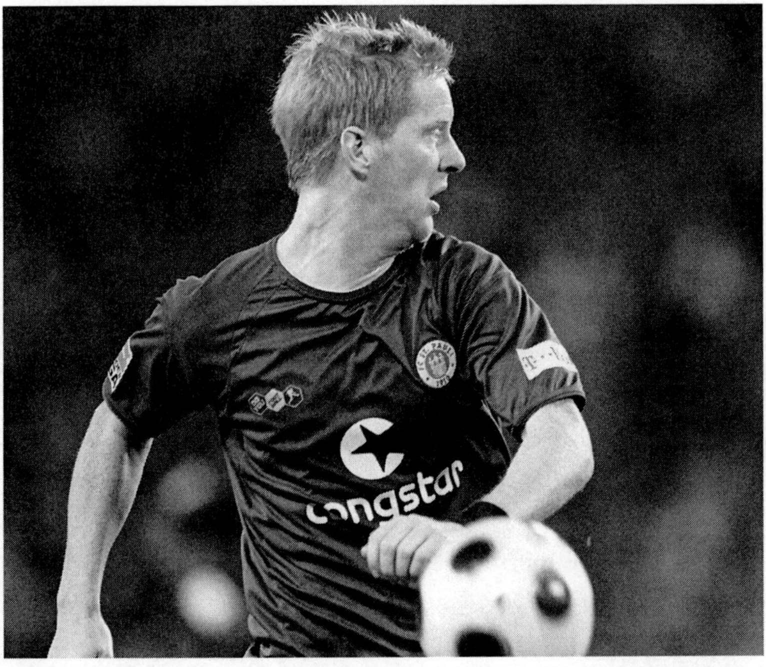

Timo Schultz: Dauerläufer, Zerstörer und Vorbild im Spiel 1. FC Köln gegen FC St. Pauli am 1.2.2008

Die Schnecke: Jan-Philipp Kalla

Die „Schnecke“ heißt nicht Schnecke, weil sie so langsam ist. Im Gegenteil: Jan-Philipp Kalla ist einer der schnellsten Spieler im Kader des FC St. Pauli. Die Schnecke vom Millerntor heißt Schnecke, weil Jan-Philipp sich laut seiner Mutter Eva als kleiner Junge beim Schlafen immer so zusammengerollt hat wie eine Schnecke.

Schnecke, inzwischen 33 Jahre alt und Vater von drei Kindern, ist der letzte Mohikaner aus dem Kader, der unter Trainer Holger Stanislawski in die Bundesliga aufstieg, und inzwischen ein St. Pauli-Urgestein.

Jan-Philipp Kalla ist ein bescheidener Mensch. Er wirkt jungenhaft und zurückhaltend. Spricht nur dann, wenn er gefragt wird. Von manchen Journalisten und sogenannten „Fans“ hat er womöglich die Nase voll, weil er häufiger mal als Sündenbock herhalten musste, wenn ein Spiel verloren ging. Weil er zum Beispiel gegen die SpVgg. Fürth auf der linken Außenverteidiger-Position den Ball verlor und dann ein Tor fiel. Da waren aber auch andere beteiligt. Jan-Philipp Kalla machte es den Kritikern leicht. Dass er so verletzlich, ernsthaft, fast zart besaitet (für einen Fußballspieler) wirkt, hat ihm nicht geholfen.

Jan-Philipp ist als Abwehrspieler auf fast allen Positionen verwendbar.

Auch sein acht Jahre älterer Bruder war ein guter Fußballer, und die Mutter Eva Kalla ist die gute Seele der U23, in der ihr Sohn auch schon mal gespielt hat.

Beim FC St. Pauli hat „Schnecke“ Kalla bisher knapp 300 Spiele absolviert. Bevor er seine langjährige Karriere am Millerntor antrat, spielte er in der Jugend des HSV und bei SC Concordia Hamburg.

Bis heute zählt Jan-Philipp Kalla als nunmehr ältester Spieler zum Kader des FC St. Pauli. Unerschütterlich tritt er trotz aller Höhen und Tiefen seines bisherigen Berufslebens immer dann, wenn er gebraucht wird, für den FC St. Pauli an, trägt gelegentlich die Kapitänsbinde und gibt stets alles, was ihm möglich ist.

Der Siegerländer: Florian Kringe

In Siegen wurde er geboren, und dort in der Nähe hat er auch seine ersten Schritte als Fußballer gemacht, bevor er bei den Sportfreunden Siegen, die 1955 einmal Deutscher Amateurmeister waren, die Späher von Borussia Dortmund auf sich aufmerksam machte. Dort hat er dann, die Spielzeiten in der Jugend eingeschlossen, insgesamt 17 Jahre gespielt. Zwischenzeitlich war Kringe auch ausgeliehen, vom 1.FC Köln und von Hertha BSC. Insgesamt hat er bei den Schwarzgelben 216 Spiele gemacht, davon 151 in der ersten Liga.

Nachdem Manager Helmut Schulte den FC St. Pauli aus nicht nachvollziehbaren Gründen verlassen musste, hielt sich Florian Kringe im Sommer 2012 beim FC St. Pauli fit, um dort anschließend verpflichtet zu werden. Da war er genau 30 Jahre alt. Insgesamt hat er 60 Spiele für den Verein vom Millerntor gemacht.

Florian Klinge ist vielen der Zuschauer durch seine sympathische Art ans Herz gewachsen. Er war aufgrund seines zurückhaltenden und bescheidenen Auftretens ein Mann, der sich immer in den Dienst seiner Mannschaft stellte. Auf der Außenbahn oder im Mittelfeld der Braunweißen ließ er immer dann, wenn es nirgendwo zwickte, wehtat oder er ernsthaft verletzt war, sein altes Können aufblitzen. Er konnte mit dem Ball umgehen, und wusste was zu tun war auf dem Platz. Im Verein sollte er seine Erfahrung an die jungen Spieler weitergeben, das war die primäre Aufgabenstellung nach der letzten Vertragsverlängerung in 2014.

Von einer Verwissenschaftlichung des Fußballs hält der bodenständige und erfahren wirkende Florian Kringe nicht allzuviel. Nicht zu übersehen sei, so äußerte er im Herbst 2014 in einem Interview mit Stefan Krause von der Hamburger Morgenpost, dass sich der Fußball in den letzten fünfzehn Jahren entscheidend geändert habe. Vor allem sei er schneller und athletischer geworden.

Zu seinen Mitspielern in Dortmund hat er noch guten Kontakt, doch dicke Freundschaften zwischen Fußballern, die einmal zusammengespielt haben, so Kringe, sind eher selten.

Florian Kringe lebt mit der Schauspielerin Verena Mundhenke zusammen, die zeitweilig schwer erkrankt war, inzwischen aber wieder in Fernseh- und Kinorollen zu sehen ist.

Medienberichten zufolge arbeitet Kringe aktuell als Spielerberater bei dem Dortmunder Karrieremanagement-Unternehmen „Pro Profil".

Der Dauerläufer: Daniel Buballa

Daniel Buballa ist nicht nur ein Dauerläufer, sondern auch ein Dauerbrenner. In der Saison 2015/2016 fehlte er in keinem der 34 Saisonspiele. In der laufenden Saison 2019/2020 absolvierte er als einziger Feldspieler des FC St. Pauli dreizehn Spiele hintereinander von der ersten bis zur letzten Minute. Beim Training Anfang November 2019 verletzte er sich dann so schwer, dass er zur Untersuchung in ein Hamburger Krankenhaus gebracht werden musste.

Der offensivstarke Verteidiger lernte das Fußballspielen in Asbach, einer Ortschaft an den nordwestlichen Ausläufern des Westerwaldes gelegen. Bis heute spielt Daniels Bruder Frederik bei TuS Asach in der Kreisliga Westerwald/Wied.

Buballa besuchte das Gymnasium der Franziskanerinnen auf der Rheininsel Nonnenwerth, eine Schule, die besonderen Wert auf Gewaltfreiheit und ein tolerantes Miteinander legt.

Angebote vom 1. FC Köln und TuS Koblenz lehnte er ab und schloss sich dem FSV Mainz 05 an, für den er in der U23 antrat, bevor er im Alter von 22 Jahren zum Zweitliga-Aufsteiger VfR Aalen ins Schwabenland wechselte. Unter Trainer Ralf Hasenhüttl erhielt er den Feinschliff und unterschrieb zur Saison 2014/2015 einen Vertrag beim FC St. Pauli. Der Vertrag des inzwischen Dreißigjährigen wurde nunmehr verlängert und läuft bis 2021. Aktuell trägt Buballa die Kapitänsbinde der „Boys in brown".

Daniel Buballas Stammplatz ist der des linken Außenverteidigers. Er kämpft stets hart am Mann, stört konsequent und zuweilen ungestüm und treibt bei Ballbesitz das Spiel mit langegezogenen Sprints nach vorne. Seine Flanken sorgen für Torgefahr im gegnerischen Strafraum.

Bei den Fans am Millerntor ist der langhaarige Mann vom Rande des Westerwalds inzwischen wegen seiner kämpferischen Auftritte zum Publikumsliebling geworden. Mit dem Norweger Möller-Daehli, Mittelfeldregisseur des FC St. Pauli, der zum Jahreswechsel 2019/2020 das Millerntor Richtung Belgien verließ, verband ihn eine enge Freundschaft.

Daniel Buballa ist verheiratet und seit Herbst 2017 Vater einer Tochter.

Der Mann mit dem Bart: Marvin Knoll

Unter den Spielern der letzten Jahre hat es der gebürtige Berliner aus der Vorstadt Spandau als einer der wenigen geschafft, zu einem der Publikumslieblinge am Millerntor zu werden. Zu verdanken hat der defensive Mittelfeldspieler dies vor allem seinem kämpferischen Einsatz.

1990 geboren, spielte Knoll zunächst bei vier Spandauer Klubs in der Jugend (Spandauer SC Teutonia, Schwarz-Weiß Spandau, 1. FC Spandau und SC Staaken) bevor er 2004 in die Jugendabteilung von Hertha BSC wechselte.

In den Jahren 2006/2007 spielte Knoll in der U17-Auswahl des DFB und 2010 in der U20 Auswahl.

Im Alter von 17 Jahren gewann er mit der in Charlottenburg beheimateten Poelchau-Oberschule, der Eliteschule des Berliner Sports, die in Chile ausgetragene Fußball-Schulweltmeisterschaft.

Für die zweite Mannschaft der Herthaner trat er 80-mal an, in der ersten Garnitur kam er jedoch in der zweiten und ersten Bundesliga nur achtmal zum Einsatz, so dass er an Dynamo Dresden ausgeliehen wurde. Von dort wechselte das Spandauer Urgestein zum SV Sandhausen (10 Spiele) und schließlich zum damaligen Drittligisten Jahn Regensburg (116 Spiele), bevor er am Millerntor im Jahr 2018 einen neuen Wirkungskreis suchte und fand.

Mit den Regensburgern war Marvin Knoll sogar in die Regionalliga abgestiegen, schaffte von dort aus aber den Durchmarsch bis in Liga 2. Trainer Heiko Herrlich hat den vollbärtigen Allrounder, der ursprünglich Stürmer war, in Regensburg zum Defensivspieler umgeschult.

Nach seinem Wechsel etablierte sich Knoll zu einer festen Größe in der Defensivabteilung der St. Paulianer. Biss, Härte, Laufbereitschaft und Körpereinsatz zeichneten ihn aus, auch wenn ihm zuweilen Abspielfehler in der Vorwärtsbewegung unterliefen.

Unter Trainer Luhukay musste der Berliner zuweilen die Ersatzbank drücken, das passte dem ehrgeizigen Spieler überhaupt nicht. Als Jos Luhukay in der Saison 2019/2020 das Mannschaftsverhalten kritisierte, äußerte der nicht auf den Mund gefallene Mittelfeldstratege, er sei ganz anderer Meinung.

Marvin Knoll ist mit Frau Anna verheiratet, das Ehepaar hat eine Tochter.

Künstler und Koryphäen

„Ich habe nie einen Spieler beim FC St. Pauli gesehen, der besser am Ball war als Mo." (Fabian Boll im Gespräch mit dem Autor)

Der 2,02-Meter-Joker: Morike Sako

Als Morike Sako am 17.2.2007 zum ersten Mal am Millerntor in der 65. Minute in einem Spiel für den FC St. Pauli eingewechselt wurde, avancierte er innerhalb von zehn Minuten zum Publikumsliebling. Und das blieb er bis zu seinem letzten Spiel für die Braunweißen.

Timo Schultz, sein Teamkollege, bezeichnete ihn nicht zu Unrecht als Edeltechniker, der im Körper eines Storches gefangen sei.

Eine einzige Schwäche wies der 2,02-Meter-Mann allerdings auf: Er war, obgleich er der längste Spieler aller Zeiten beim FC St. Pauli war, kein guter Kopfballspieler.

Seine Stärken lagen ansonsten nicht nur in der perfekten Ballbeherrschung, sondern auch in der Ballbehauptung. In der Ballannahme bei langen Abschlägen oder Pässen vermochte ihn kein Gegenspieler zu stören. Morike Sako nahm das Bällchen auf und spielte es zentimetergenau weiter. Aufgrund zahlreicher Verletzungen im Laufe seiner Karriere und daraus entstandener Handicaps wurde „Mo" oft nur in der zweiten Hälfte eines Spiels eingesetzt. Wenn er aber gebracht wurde, dann war er sofort da und präsentierte sich brandgefährlich vor den gegnerischen Strafräumen.

Außerhalb des Stadions war Morike Sako dafür bekannt, gern auch mal seine Späßchen zu treiben. „Zocker" René Schnitzler hat er einst in der Kabine die Unterhose mit Hautcreme eingeschmiert. Als Schnitzler sie wieder anziehen wollte, sei er regelrecht ausgerastet.

„Mo" Sako ist gelegentlich aufgrund seiner Hautfarbe während der Spiele beleidigt worden. In Schaffhausen/Rhein, bei einem Freundschaftsspiel, hat ihn ein Gegenspieler „Schimpanse" genannt. Da war es gut, hat „Mo" Sako gesagt, dass das auf dem Rasen passiert sei.

In seiner Jugend war Morike Sako einst ein Kick-Boxer gewesen, hatte sich dann aber ganz dem Fußball zugewandt. Auch sein jüngerer Bruder Bakary Sako wurde Fußballprofi und spielte zuletzt bei den Wolverhampton Wanderers. „Mo" Sako, in Paris geboren, spielte zunächst bei Union Sportive d'Ivry, einem Sportverein, der in einem Vorort von Paris an der Seine liegt, und kam dann über den englischen Viertligisten AFC Rochdale ans Millerntor.

Nach Ende der Saison in 2010 wurde Morike Sakos Vertrag beim FC St. Pauli nicht mehr verlängert. Er wechselte zu Arminia Bielefeld und von dort über den FC Sylt zum KSV Hessen Kassel.

Ende Januar 2015 nahm ihn Regionalligist Eintracht Norderstedt bis zum Saisonende unter Vertrag. Er war ein Wunschspieler des ehemaligen FC St. Pauli Spielers und damaligen Norderstedter Trainers Thomas Seeliger.

„Ich bin fit, habe mich in den letzten Monaten professionell verhalten", kommentierte „Mo" sein Engagement bei Eintracht Norderstedt gegenüber dem Hamburger Abendblatt am 29.1.2015.[31]

Für die Norderstedter machte Morike Sako noch acht Spiele. Dann war Schluss.

Morike Sako lebt mit seiner Lebensgefährtin und den beiden gemeinsamen Kindern in Hamburg. Unter Mitspielern, Fans und Freunden gilt er als besonders gutmütig und humorvoll.

„Für mich passt das nicht zusammen." (ZDF-Moderator Bernd Heller im Aktuellen Sportstudio des ZDF)
„Für mich schon." (Volker Ippig)

Volker hört die Signale: Volker Ippig, der Torwart aus Lensahn

Wohl kaum ein Spieler des FC St. Pauli ist so glorifiziert worden wie Volker Ippig, der Mann, der aus einem ostholsteinischen Dorf in die große Stadt Hamburg geriet. Dabei hatte er nie angestrebt, ein Idol zu sein.

Noch bis vor wenigen Jahren konnte man ihn als Trainer seines Vereins auf dem schön gelegenen Sportplatz im Bilderbuch-Dorf Lensahn, nahe der Ostsee, beobachten: Volker Ippig war und ist ein Mann, der Fußball lebt.

Kurz zuvor war er nicht nur als Trainer der Blau-Weißen vom TSV Lensahn in Erscheinung getreten, sondern auch als Spieler. Mit Mitte Vierzig stand Volker Ippig allerdings nicht etwa im Tor, so wie einst am Millerntor in der Profizeit. Vielmehr präsentierte er sich als brandgefährlicher Stoßstürmer im Zentrum. Nicht nur nebenbei agierten auch sein Bruder und sein Vater als Trainer, Vorsitzende und Spieler für ihren geliebten Verein. Als Cheftrainer (2008) des TSV Lensahn schaffte Volker Ippig sogar den Aufstieg des Dorfvereins bis in die Verbandsliga. Im Winter trug der Spielertrainer beim Warmmachen stets eine Zipfelmütze auf dem Kopf. Gegenüber der Zeitung „Die Welt" bezeichnete Ippig die Zeit als Trainer und Spielertrainer beim TSV Lensahn als die schönste seiner gesamten Karriere.

Von Beruf ist Volker Ippig lizensierter Fußballlehrer. Schon in der A-Jugend hatte der Junge aus dem hohen Norden das Tor des FC St. Pauli gehütet und wurde mit seiner Mannschaft Hamburger Meister. Er wohnte zunächst in der Villa des damaligen Vereinsvorsitzenden Otto Paulick an der Elbchaussee, später auch einen Sommer lang in der Hafenstraße, fuhr mit dem Fahrrad zum Training und machte sein Abitur an einem Wirtschaftsgymnasium.

Nach der Schule absolvierte er ein Praktikum in einem Kindergarten für Behinderte und ging für mehrere Monate als Aufbauhelfer nach Nicaragua. Für eine Weile trat der Fußball in den Hintergrund, bis sein Förderer Otto Paulick ihn wieder ans Millerntor holte und Volker Ippig unter Trainer Willi Reimann zu erneuten Einsätzen als Schlussmann der Kiez-Kicker kam.

Im Wechsel mit Klaus Thomforde brachte er es in der Saison 1987/88 auf neunzehn Einsätze, in der folgenden Saison, nach dem Aufstieg in die Bundesliga, stand er mit Ausnahme von drei Spielen während der gesamten Spielzeit im Kasten des FC St. Pauli.

Die treuesten Fans des FC St. Pauli auf der Gegengerade begrüßte Volker Ippig mit erhobener linker Faust im Stil der Black-Panther und Arbeiter-Bewegung.

Nach einem 0:0 gegen den FC Bayern München wurde Volker Ippig ins „Aktuelle Sportstudio" des ZDF eingeladen. Der Moderator Bernd Heller konnte den spröden Holsteiner kaum aus der Reserve locken. In Bauarbeiterstiefeln und T-Shirt avancierte der wortkarge Keeper vom Millerntor vor einem Millionenpublikum zur Ikone des etwas anderen Fußball-Deutschland. Unaufgeregt und jenseits aller Eitelkeiten nahm er das TV-Publikum für sich ein.

Volker Ippig hat aber auch, ehrlich wie er ist, mit der Legendenbildung aufgeräumt, dass er sein Geld für linke Gruppen, eine Partei oder wohltätige Zwecke gespendet habe. Er kaufte sich in seinem Heimatort, nahe der Ostsee, Grund und Boden und baute ein Haus für sich und seine Familie.

Als den größten Erfolg seiner Laufbahn bezeichnete Volker Ippig in einem Interview mit dem Magazin „11 Freunde" den Aufstieg unter Trainer Michael Lorkowski in die 2. Liga und den darauffolgenden Durchmarsch mit Willi Reimann in die Bundesliga.

Nach seiner Zeit als Profifußballer, die im Jahr 2003 endete, erwarb Ippig das Fußballlehrer-Diplom an der Sporthochschule in Köln und arbeitete als Torwarttrainer bei Holstein Kiel, dem VfR Neumünster, VfB Lübeck und im Team von Felix Magath als Torwarttrainer des VfL Wolfsburg. Nebenbei betrieb Ippig zeitweilig eine mobile Torwartschule.

Alsbald aber zog es den von den Fans des FC St. Pauli verehrten ehemaligen Fußballer in einen „bürgerlichen" Beruf. Um seine Frau und seine beiden Töchter gut versorgen zu können, fuhr er von nun an täglich mit seinem VW-Polo die 110 km von Lensahn zum Hamburger Containerhafen, wo er als Lascher arbeitete. Nach vier Jahren als „Neuwagenstauer" [32] strebte er über zusätzliche Qualifikationen die Funktion eines „Checkers" an.

Der erste Spieler des FC St. Pauli, dem ein T-Shirt gewidmet wurde (Aufschrift: Volker hört die Signale), war Ippig, der Mann, der einst aus der Villa des Präsidenten Paulick in die Hafenstraße 120 gezogen war. (Andere Quellen berichten, es habe bereits vor dem Ippig-T-Shirt ein entsprechendes Fankleidungsstück für den „Schlangen-Franz“ gegeben). Er fühlt sich nach eigener Aussage dem FC St. Pauli heutzutage nicht enger verbunden als anderen Klubs, für die er gespielt und gearbeitet hat.

Die entscheidenden Fragen aber treiben ihn immer noch um: „Alle reden immer von Solidarität und Gerechtigkeit, aber die Politiker handeln nicht danach ..., die Frage, wie das Geld verteilt wird, ist entscheidend.“

Und so ist sich der im Grunde bodenständige „Revoluzzer“ aus der dörflichen Idylle im holsteinischen Lensahn, unweit der Ostsee, im Grunde seines Herzens stets treu geblieben. Was man von manchen seiner ehemaligen Bewunderer nicht so ohne Weiteres sagen kann.

König der Herzen: Leonardo Manzi

Als Leonardo Manzi, der erste Brasilianer am Millerntor, im Sommer 1989 zum FC St. Pauli kam, begrüßten ihn die Schlagzeilen-Macher der Bild-Zeitung mit der Überschrift „Kleiner Pelé für St. Pauli“.

Nein, ein Pelé war er nicht, und weil er unübersehbar alles andere als ein überragender Techniker war, musste er sich von den üblichen Experten manch groben Scherz gefallen lassen.

Dennoch wurde er rasch zum Publikumsliebling am Millerntor. Er war eben ein Sunnyboy, und niemand unter den Fans nahm es ihm übel, wenn er das Tor einmal verfehlte.

In der Saison 1991/1992 platzte dann der Knoten, und es geschah das, was man in seinem Fall kaum für möglich gehalten hätte. Immerhin elf Tore erzielte er. Wichtiger aber war dann noch, dass er seinen Klub mit dem Siegtor in Hannover im allerletzten Spiel der Saison vor dem Abstieg in die 3. Liga rettete: Sein Kopfballtreffer im Juni 1993 gegen die Sechsundneunziger sicherte den Klassenerhalt.

2. Bundesliga, Saison 93/94

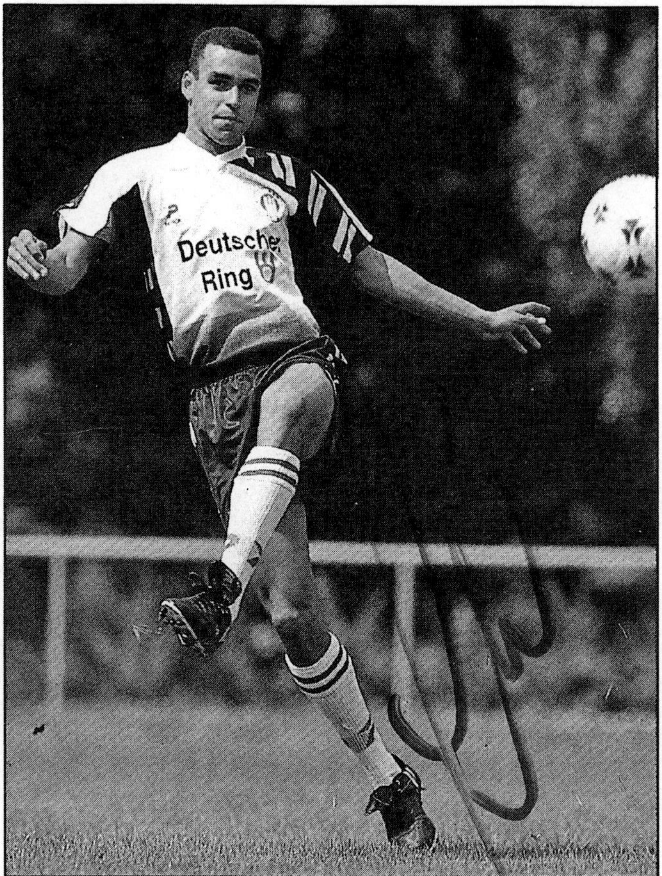

LEONARDO MANZI

Sturm

Leonardo Manzi: Ein Brasilianer am Millerntor

Dem Publikum beim FC St. Pauli ist er bis heute unvergessen. Nachdem man ihn in 1996 in die zweite Mannschaft zurückstufte, nahm er Abschied und wechselte in die Regionalliga Nord zu Hannover 96.

Einige Jahre spielte und trainierte er noch in Wilhelmshaven, bevor er als Trainer in seine Heimat zurückkehrte.

„Das Kurzpass-Geschiebe muss aufhören.“[33]

Der Sekundenbomber: Dirk Zander

Unvergesslich auf alle Zeiten ist, wie Dirk Zander am 12. April 1991 gegen Oliver Kahn im Tor des Karlsruher SC nach zwölf Sekunden das damals schnellste Tor aller Zeiten in der Fußball-Bundesliga erzielte. Und noch heißer wurde die Nummer, weil er in der vierten Minute gleich zum zweiten Mal den Ball hinter dem späteren Bayern-Keeper im Netz versenkte. Wenigstens der Rekord als schnellster Doppeltorschütze blieb ihm bis heute erhalten.

Dieser Auftritt passte zu dem unkomplizierten Stürmer, der im Hamburger Arbeiterviertel Wilhelmsburg aufgewachsen war und dort seine ersten Schritte als Fußballer machte. Erst relativ spät, im Alter von 23 Jahren, wechselte er ans Millerntor. Dort bestritt er dann 142 Ligaspiele, immer geradeaus, immer nach vorne, immer robust und hart im Nehmen. 36 Tore erzielte er für Braunweiß! Viele Jahre war er Mannschaftskapitän der St. Paulianer, bevor er für zwei Jahre zu Dynamo Dresden ging. Dann aber kam er noch einmal zurück, musste jedoch nach einer weiteren Saison am Millerntor passen, weil er aufgrund von Verletzungen zum Sportinvaliden erklärt wurde.

Dem FC St. Pauli blieb er stets verbunden, obgleich Ende 2014 in der Hamburger Presse zu lesen war, dass er beabsichtige eine Fußballschule („German Soccer Education“) in den USA zu gründen. Inzwischen lebt Dirk Zander mit seiner Familie zeitweilig in Florida. Etwas

2.Bundesliga, Saison 93/94

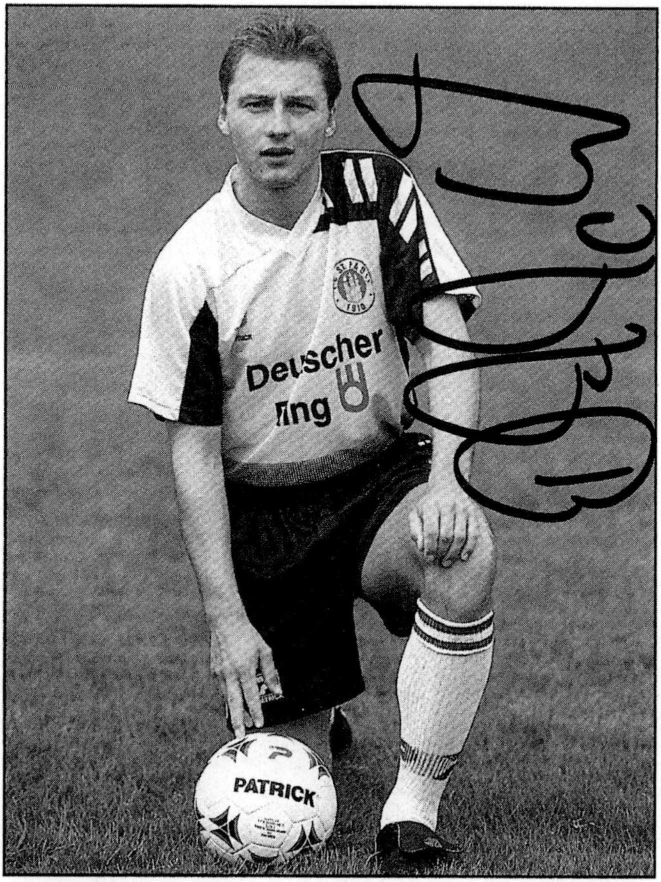

DIRK ZANDER

Mittelfeld

Schnellster Doppeltorschütze der Bundesliga: Dirk Zander

später äußerte er ungeschminkte Kritik an der aktuellen Führungspolitik seines FC St. Pauli, für den er jahrelang die Knochen hingehalten hatte: Die Misere hätte mit der Entlassung von Helmut Schulte begonnen, daran angeschlossen habe sich eine Kette weiterer Fehler. Die Trennung von Rachid Azzouzi sei in Ordnung gewesen. Es gehe nicht an, dass ein Spieler wie Deniz Naki einen Fragebogen ausfüllen solle. Göttlich und Pawlik sollten sich auf das Finanzielle konzentrieren. Und zum Fußball: Der Ball müsse schneller und mutiger nach vorne gespielt werden.

Im Jahr 2019 lobte „Zanderstruck“ zwar das soziale Engagement des Vereins, das es bereits zu seiner Zeit gegeben habe, äußerte allerdings zugleich, dass ihm der heutige FC St. Pauli zuweilen wie eine „gut organisierte Bürgerrechtsbewegung“ vorkomme.

„Bring my Naki back.“ (Fan-Initiative auf Facebook)

Der Eroberer von Rostock: Deniz Naki

Deniz Naki wurde in Düren geboren. Seine Eltern kommen aus Kurdistan. Aufgrund seines angeborenen Talents und seiner herausragenden Leistungen in den Jugendmannschaften des FC Düren 77 erhielt Deniz Naki eine Ausbildung im Rahmen des DFB-Talentförderungsprogramm.

Im Alter von 14 Jahren spielte Naki bereits in den Teams von Bayer 04 Leverkusen. Mit den Bayer Junioren gewann er im April 2008 den DFB-Vereinspokal mit 3:0 gegen Borussia Mönchengladbach. Zur Mannschaft gehörten u. a. die späteren Profis Bastian Oczipka, Marcel Risse und Richard Sukuta-Pasu. Deniz Naki durchlief sämtliche DFB-Jugend-Nationalmannschaften, von der U17 bis zur U21. Allein in der U19 erzielte er 9 Tore in 15 Spielen.

Ohne Zweifel gehörte Deniz Naki zu den ganz großen Talenten im deutschen Fußball. Über die zweite Mannschaft von Bayer Leverkusen und eine Ausleihe bei Rotweiß-Ahlen kam Naki im Jahr 2009 zum FC St. Pauli. Hier erreichte er durch spektakuläre Auftritte rasch hohe Sympathiewerte bei den Millerntor-Fans und auch einen flächendeckenden Bekanntheitsgrad beim bundesdeutschen Fußball-Anhang.

Nicht nur durch technische Kabinettstückchen, dynamische Sprints und fein getimte Freistöße und Flanken begeisterte er die Massen. Auch durch allerlei Aktionen mit zum Teil provokativem Charakter polarisierte er die Zuschauer. Nachdem ihn Rostocker Zuschauer im dortigen Ostseestadion fortlaufend als „Kanaken" angepöbelt hatten, zeigte ihnen der temperamentvolle St.Pauli-Kämpfer eine Halsabschneider-Geste. Als der Schiedsrichter abgepfiffen hatte und das Spiel für den FC St. Pauli gewonnen war, rammte er eine Fahne seines Clubs in den Rasen des Ostseestadions und wurde dafür vom eigenen Anhang enthusiastisch gefeiert. Wenige Tage später wurde er sowohl vom DFB als auch von seinem Verein für diesen unvergesslichen Auftritt bestraft.

Auch im Umgang mit Vorgesetzten, ob nun Trainer oder Präsidiumsmitglied, war Deniz Naki nie zimperlich. Er sagte jedem, was er dachte und was er von ihm hielt. Seine Fans liebten ihn dafür. Andere nahmen es übel und fanden wenig Verständnis für den jungenhaft auftretenden Edeltechniker.

Von dem Trainer, den er am meisten unter allen verehrte, Holger Stanislawski, wurde er für einige Tage suspendiert, da er mehrfach zu spät zum Training gekommen war. Die Verspätungen hatte er mit Verkehrsstaus begründet.

Sein auf „Stani" folgender Trainer, André Schubert, der Psychologe, dem man damals nachsagte, kein Einfühlungsvermögen zu haben, wollte ihn loswerden. Nach sich ewig dahinziehenden Wartezeiten- und Verzögerungstaktiken, an denen der damalige Sportdirektor Helmut Schulte, wohl der Not und der Situation gehorchend, nicht unbeteiligt war, verließ Deniz Naki den FC St. Pauli auf eigenen Wunsch in Richtung Paderborn. Weder dort noch bei Genclerbirligi Ankara konnte er seine Spielkunst zur Geltung bringen.

Immer blieb es sein Ziel, zum Millerntor zurückzukehren. Das sagte er auch öffentlich und machte sich dadurch bei seinen Brötchengebern in Ankara nicht unbedingt beliebt.

In einem furiosen, herausragenden Auftritt beim Abschiedsspiel von Fabian Boll, den Naki wie einen großen Bruder bewundert, und dem er vertraut, sah er seinen Heimkehrer-Traum ans Millerntor schon nahezu erfüllt. Danach kam es zu Gesprächen mit Sportchef Rachid Azzouzi, dem seinerzeitigen Trainer Thomas Meggle und dem neuen Präsidenten Oke Göttlich. Ihm wurde zunächst suggeriert, er habe gute Chancen, einen Vertrag zu erhalten.

Hinter den Kulissen wurde von verschiedenen Funktionsträgern des Vereins über frühere Disziplinlosigkeiten des begnadeten Fußballers lamentiert, die im Wesentlichen auf Gerüchten basierten.

Erneut, wie bereits zu Helmut Schultes Zeiten, wurde Naki hingehalten. Das Ausfüllen eines 82 Fragen umfassenden Personalfragebogens, gemailt durch Vizepräsident Pawlik, lehnte Naki, der drei Jahre am Millerntor gespielt hatte, ab, und bot stattdessen ein Gespräch an. Nach Absolvieren eines Fitness-Tests, den er bestand, erhielt er durch Rachid Azzouzi eine Absage – wenige Stunden bevor Azzouzi seinen Hut nehmen musste.

Unter Freunden und Fans gilt Deniz Naki als ehrlicher und gutmütiger Mensch, der auch Fehler hat, und den seine direkte und aufrichtige Art und seine Emotionalität immer wieder einmal in Schwierigkeiten gebracht haben.

Ehrlich zu sein, das ist eine selbstverständliche Form der Fairness. Im Falle der Personalie des Deniz Naki hat sich der FC St. Pauli dieser Tugend eher nicht bedient.

Von 2013 bis 2014 spielte Deniz Naki für den türkischen Klub Genclerbirigli Ankara, bevor er zu Amed SK wechselte. Den Sieg seiner Mannschaft im Achtelfinale des türkischen Pokals gegen Bursaspor widmete er den Opfern des türkisch-kurdischen Konfliktes. Die türkische Staatsanwaltschaft klagte ihn wegen Propaganda für die PKK an. Ihm drohten 5 Jahre Haft, doch unter dem Druck der medialen

Öffentlichkeit in anderen europäischen Ländern wurde er freigesprochen. Die Ankläger legten Widerspruch ein, und im April 2017 wurde Deniz Naki zu einer Bewährungsstrafe von einem Jahr und sechs Monaten verurteilt.

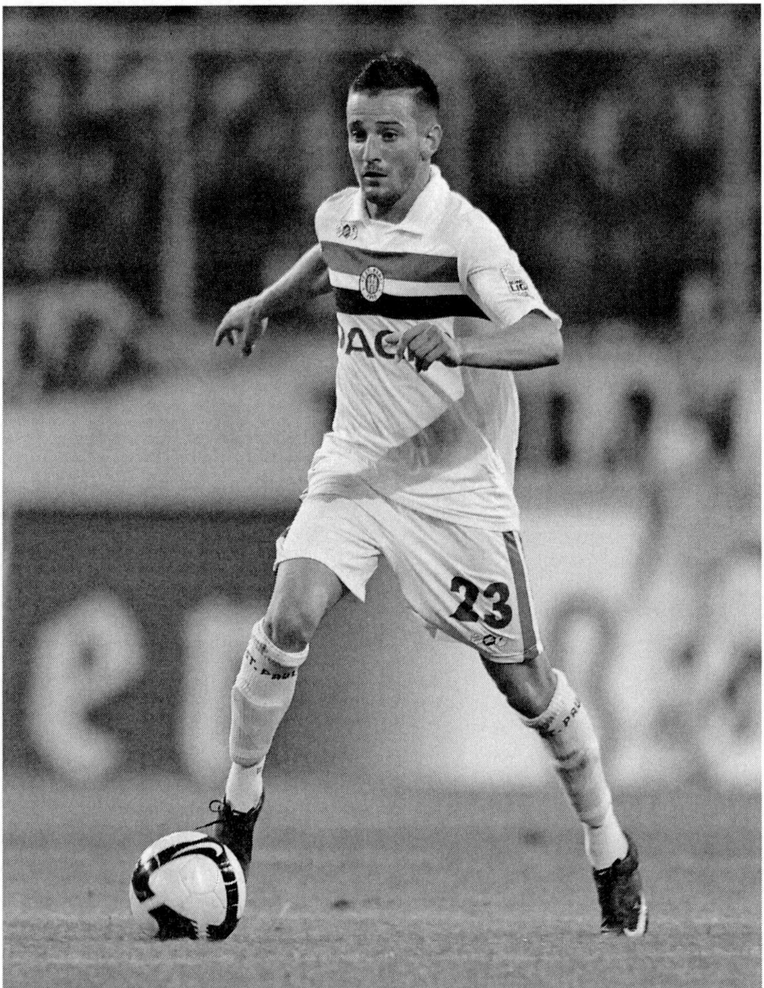

Deniz Naki, Wirbelwind am Ball, im Spiel Alemannia Aachen gegen FC St. Pauli am 17.8.2009

Anfang Januar 2018 wurden auf der A4 bei Düren (Rheinland) mehrere Schüsse auf das Fahrzeug von Deniz Naki abgegeben. Die Täter konnten nicht ermittelt werden. Am 30.1.2018 wurde Naki von der türkischen Fußballförderation lebenslang gesperrt.

Nach wie vor tritt Deniz Naki für das Selbstbestimmungsrecht der Kurden in der Türkei ein und führt Protestaktionen gegen die Politik der türkischen Regierung durch.

Von der „roten Insel" in die Karibik: Michel Mazingu-Dinzey

Geboren wurde Michel Mazingu-Dinzey in Berlin (West). Er wuchs in der Schöneberger Leberstraße auf, einem Kiez, der unter Berlin-Kennern auch die „rote Insel" genannt wird. „Insel", weil dieser Stadtteil von U- und S-Bahn Gleisen begrenzt ist, „Rote", weil sowohl KPD als auch SPD in der Zeit der Weimarer Republik hier die höchsten Stimmenanteile in ganz Berlin aufwiesen.

Der kleine Michel war ein Straßenfußballer, spielte auf schmalen Gehwegen am Gustav-Müller-Platz oder im kleinen Park gleich neben dem riesigen Stahlgerüst des Gasometers, aus dem einst Günther Jauch seine Sonntagabend-Impulse unter das Fernsehvolk brachte.

Die Liste der Vereine, für die Michel Mazingu-Dinzey gespielt hat, ist lang. Sie führte ihn von der Spvgg. Schöneberg über den Pierre Littbarski Jugendverein VfL Schöneberg zum Oberligisten FC Wannsee. Nach einer weiteren Zwischenstation im Süden Berlins, beim VfB Lichterfelde, wurde der kampfstarke und vielseitig einsetzbare Mittelfeldmann Profi beim VfB Stuttgart.

Und weiter ging es ans Millerntor. Hier kam er während der Saison 1995/96 in 30 Spielen zum Einsatz und wurde im Januar 1996 zum ersten Mal in die Nationalmannschaft der Demokratischen Republik Kongo berufen, für die er in den folgenden Jahren 33 Mal spielte.

Es folgte eine Vielzahl weiterer Stationen, die den öffentlich selbstbewusst auftretenden Fußballer zunächst einmal zurück in seine Heimatstadt führten. Zwei Jahre lang war Michel Mazingu-Dinzey Herthaner. Mit der guten, alten Dame aus dem Wedding stieg er in die Bundesliga auf, blieb dort für ein weiteres Jahr und wurde für 1,3 Mio. DM von den Sechzigern an die Isar geholt. Der dortige Trainer Werner Lorant setzte ihn nur selten ein.

Im Einjahres-Rhythmus wechselte er nun über Hannover 96 und den norwegischen Erstligisten Valerenga Oslo zurück in die deutsche zweite Liga. Mit der Braunschweiger Eintracht stieg er in die 3. Liga ab, blieb dort aber zunächst für ein weiteres Jahr, um schließlich wieder am Millerntor zu landen. 88 Spiele lieferte der Stehaufmann nun noch einmal ab, und auch in den berühmten DFB-Pokalspielen, der sogenannten B-Serie („Das nächste B bitte"), in der die St. Paulianer bis zum Halbfinale vorstießen, war Michel mit von der Partie.

Zeitweilig hatte Michel Mazingu-Dinzey den Journalisten und Sportreportern Interviews verweigert. Das führte dazu, dass er nicht mehr nur in Insiderkreisen des FC St. Pauli als „Der Schweiger" bezeichnet wurde.

Im Jahr 2008 aber, als er nach 7 Monaten in Diensten von Holstein Kiel seinen Abschied als Profi-Spieler genommen hatte, legte der Mann, der einst in Berlin das Fußballspielen erlernte und dann einen weiten Weg durch die Stadien der Republik ging, offen, dass er während seiner Zeit beim FC St. Pauli ein Alkoholiker gewesen sei. Er habe oft Mühe gehabt, das vor seinen Mitspielern und den Trainern zu verbergen.

„Ich habe sicherlich sechs Jahre unter regelmäßigem Alkoholeinfluss trainiert. Dass es eine Sucht ist, wollte ich mir natürlich lange Zeit nicht eingestehen. Das war für mich ein ganz normaler Ablauf: Training oder Spiel, dann geht man mit Kollegen noch was trinken, das wurde dann immer mehr. Irgendwann hat man die Nächte einfach durchgemacht. Darunter hatte mein Körper sehr zu leiden, das wusste ich. Darüber habe ich mir aber in dieser Phase keinen Kopf gemacht.

Vor allem in schwierigen Momenten während meiner Karriere, als ich wenig spielte, habe ich Halt im Alkohol gesucht. Der war mein bester Freund", gestand er Matthias Linnenbürger von der Zeitung „Die Welt" am 9.10.2012 in einem Interview.[34]

Nun ist Michel Mazingu-Dinzey seit Jahren trocken. Er weiß inzwischen, dass man auch ohne Bier in der Hand Spaß haben kann, und obwohl er inzwischen verheiratet ist und zwei Kinder hat, tanzt er immer noch auf mehreren Hochzeiten – selbstverständlich rein fußballerisch gesehen.

Mehrfach hat er als Trainer gearbeitet, unter anderem im Heimatland eines Teils seiner Vorfahren, in der Republik Kongo. Geblieben ist er dort nicht, nach eigener Aussage auch deshalb nicht, weil er eine deutsche Mentalität und deutsche Tugenden habe.

Er ist Mitglied der Mannschaft „Global United", die sich in aller Welt für soziale Projekte und den Klimaschutz einsetzt und hat zeitweilig verschiedene Amateurmannschaften in Norddeutschland trainiert. Auch an Projekten zur Bekämpfung von Drogen, die am UKE Eppendorf durchgeführt werden, beteiligt er sich. Seit dem Sommer 2013 arbeitete Michel Mazingu-Dinzey als TV-Experte bei Sport 1. Im März 2019 übernahm er das Amt des Nationaltrainers von Antigua und Barbuda. Diese Tätigkeit gab er aufgrund vertraglicher Probleme inzwischen wieder auf.

„Elfmeterschießen, das ist irgendwie wie mit Frauen und Autos – reine Glückssache."[35]

Der Russe am Millerntor: Juri Sawitschew

Groß geworden ist der am 13. Februar geborene Juri Sawitschew in der Jugendfußballschule Moskau. Als er seine Ausbildung abgeschlossen hatte, spielte er mehr als sechs Jahre für Torpedo Moskau und erzielte in 135 Ligaspielen 47 Tore.[36]

Torpedo Moskau war zu Zeiten der UdSSR die Werksmannschaft einer sowjetischen Automobilfabrik und gehört bis heute zu den führenden Fußballvereinen in Russland. Nach dem Zusammenbruch der UdSSR spielte der achtmalige Nationalspieler zunächst zwei Jahre für Olympiakos Piräus in Griechenland und dann beim 1. FC Saarbrücken.

Mit dem FC St. Pauli stieg er in die Bundesliga auf und dann wieder ab. Er glänzte durch technisches Können und Spritzigkeit. Von Trainer Uli Maslo wurde er meist als hängender Mittelstürmer gebracht, und in 88 Spielen traf er 26 Mal für den FC St. Pauli.

Wegen eines Hüftleidens wurde Sawitschew im Jahr 2000 zum Sportinvaliden erklärt und beendete seine Spielerkarriere. Er blieb Hamburg jedoch verbunden, besuchte, so oft es ging, die Spiele des FC St. Pauli und trainierte zeitweilig gemeinsam mit Klaus Thomforde die Mannschaft von Germania Schnelsen.

Im Januar 2013 wurde Juri Sawitschew beschuldigt, beim Einschleusen russischer Spieler nach Deutschland beteiligt gewesen zu sein. Die Vorwürfe erwiesen sich jedoch als haltlos, Sawitschew wurde freigesprochen.

„Ich glaube, ich darf keine Kinder in die Welt setzen. Die kriegen das sonst immer auf dem Schulhof zu hören.“ (Patrik Borger nach einem Torwartfehler im DFB-Pokal-Halbfinale gegen Bayern München) [37]

Genie und Unglücksrabe: Patrik Borger

Eine Kieler Sprotte ist ein heringsartiger Fisch, der selten größer wird als 20 cm. Patrik Borger, ohne ck, genannt Paddy, ist ein echter Kieler Junge, sehr schlank, für eine Sprotte aber übermäßig lang geraten. Denn er misst knapp zwei Meter (1,97).

Als talentierter Jugendtorhüter, der in verschiedenen Kieler Amateurklubs auf sich aufmerksam machte, landete der spitzbübisch wirkende Keeper zunächst beim VfR Neumünster, dem holsteinischen Traditionsverein.

Dort wurde Hermann Klauck, der Betreuer der U23 des FC St. Pauli, auf ihn aufmerksam. Der gelernte Industriekaufmann avancierte in der Saison 2006/2007 zum Stammtorhüter des FC St. Pauli und blieb in 17 von 31 Spielen ohne Gegentreffer. An guten Tagen jedenfalls war der wegen seiner Gemütsruhe im Team auch „Prinz Valium" genannte Holsteiner unschlagbar. Er hielt immer und immer wieder schier unhaltbare Granaten.

Diese Glanztaten sind zum Teil und zu Unrecht bei manchen Fans in Vergessenheit geraten.

In Erinnerung blieb hingegen bei Kritikern des Kieler Schlakses sein Beitrag zum 1:4 in Paderborn, bei dem er bei einem der Gegentore anfängerhaft über den Ball säbelte. Im Pokalspiel gegen die Bayern am 9. September 2006 hielt „Paddy" seine Kameraden vom Millerntor mit unglaublichen Paraden für 105 Minuten im Spiel und im Wettbewerb. Dann unterlief ihm ein folgenschwerer Fehler nach einer Flanke von Phillip Lahm, dessen Flanke er ins eigene Tor lenkte.

Nach seiner Zeit beim FC St. Pauli arbeitete „Paddy" Borger als Amateurtrainer für verschiedene Kieler Ober- und Verbandsligisten, zum Teil auch als Spielertrainer im Tor, und, wenn Not am Mann war, als Spitze im Sturmzentrum.

Wann immer Thomas Meggle auf seinen früheren Mitspieler im Tor trifft, fragt er ihn scherzhaft, wann er denn endlich die 10.000 Euro bekomme, die ihm seinerzeit durch „Paddys" Aussetzer und dem daraus folgenden Ausscheiden gegen die Bayern im Pokal verloren gegangen seien.

Dann schweigt Paddy verlegen und schaut in eine andere Richtung. Lachen kann er darüber nicht.

Seit mehreren Jahren ist Patrik Borger als Torwarttrainer für den Zweitligisten Holstein Kiel tätig.

Der Ultra: Benedikt Pliquett

Immer wieder hat man dem nach Morike Sako mit 1,99 m zweitgrößten Mann beim FC St. Pauli versichert, er sei seinen Konkurrenten im Tor – damals Mathias Hain und später Thomas Kessler – absolut gleichwertig. Wer seinerzeit die Trainingsleistungen verfolgte, der konnte sich von dem Wahrheitsgehalt dieser Aussage überzeugen. Sie traf zu. Dennoch wurden ihm seine Kollegen meist vorgezogen. Sein Zugehörigkeitsgefühl zu Fans und Verein am Millerntor hat dies dennoch nie trüben können. „Bene" ist dem FC St. Pauli und seinen Fans bis heute eng verbunden.

107 Pflichtspiele hat „Bene" für den FC St. Pauli gemacht. Nur selten hat er gepatzt, aber manchmal eben doch. Sein größter Tag im Tor war der 16. Februar 2011, als Trainer Holger Stanislawski ihn im Stadion des HSV beim Bundesliga-Derby zur Belohnung für seine Loyalität aufstellte und den Vorzug vor Thomas Kessler und Mathias Hain gab. Mit großartigen Paraden trug er entscheidend zu dem legendären 1:0 Sieg des Hamburger Underdogs vom Millerntor bei.

Im Sommer 2010 war „Bene" Pliquett von Hooligans, die sich dem HSV zugehörig fühlten, körperlich mit Tritten und Schlägen angegriffen worden. Ihm und mehreren FC St. Pauli-Fans, die von einem Auswärtsspiel beim SC Freiburg am Altonaer Bahnhof eingetroffen waren, hatte der Schlägertrupp aufgelauert. Es war ein organisierter, brutaler Überfall.

Dass er den Sieg gegen den HSV ein halbes Jahr später auf seine ganz besondere Weise feierte, die auch in Fernsehbildern sichtbar wurde, verwunderte niemanden, der diesen Vorfall kannte.

Seine hundertprozentige Identifikation mit dem FC St. Pauli blieb in der Folge dennoch unbelohnt: Die Vertragsverlängerung hinderte die sportlich Verantwortlichen am Millerntor nicht daran, auch Philipp Tschauner zur Nummer 1 der Braunweißen zu machen. Und „Bene" wurde einmal mehr versichert, er sei ein gleichwertiger Torhüter. Mit dem Gerücht, „Bene" sei beim FC St. Pauli deshalb so viele

Jahre geblieben, weil er sich so wunderbar mit seinem Zimmerkollegen und Freund Fabian Boll verstand, war es spätestens vorbei, als Pliquett im Spätsommer 2013 zum SK Sturm Graz wechselte. Auch dort avancierte der geradlinige Torhüter nach kurzer Zeit zum Liebling der Fans. Seine Karrierre ließ „Bene“ beim spanischen Drittligisten Atletico Baleares, einem Klub aus der mallorquinischen Hauptstadt Palma, ausklingen. Seit 2018 betreibt Bene Pliquett die Bar „Alkotheke“ auf St. Pauli und betätigt sich gelegentlich hobbymäßig als Thai-Boxer im legendären Boxkeller „Ritze“.

„Im letzten Absatz habe ich die Frage, ob ich schon mal Sex im Auto hatte, nur knapp mit Ja beantwortet.“ (Ralph Gunesch im Interview mit dem Donaukurier) [38]

Ein Herz für Tiere: Ralph Gunesch

Sighisoara (Schäßburg) in Rumänien ist angeblich die Heimat von Dracula und gehört als Stadt wegen ihres einzigartigen Altstadtviertels zum Weltkulturerbe. Dort wurde der Fußballer Ralph Gunesch, den seine Fans wegen seiner Vorliebe zu Autos „Felgen-Ralle“ nennen, geboren.

Ralle Gunesch ist ein waschechter Siebenbürger Sachse. Quasi über Nacht kehrte die Familie seinerzeit aus dem fernen Rumänien in das Land ihrer Väter zurück.

In der ARD-Sportschau lernte er die Bundesliga kennen, und so beschloss der begeisterte Junge spontan, Fußballprofi zu werden. Sein Lieblingsverein war der FC Bayern München und unter dessen Spielern mochte er am allermeisten Mehmet Scholl. Gerne erzählt er auch die Geschichte mit Thorsten Fink. Die Bayern hatten gegen Uerdingen gespielt, und als das Spiel zu Ende war und „Ralle“ Gunesch als Vierzehnjähriger die Namen seiner Lieblinge rief, blieb als Einziger Thorsten Fink stehen, kam zu ihm herüber und schrieb seinen Namen auf das Trikot. Das hat er nie vergessen und sich ein Beispiel daran genommen, als er später selbst Profi war.

Das Fußballspielen hat er zuallererst in den Vereinen rund um Aachen, wo sein zweites Zuhause war, zelebriert. Er brachte es bis zum U20 Nationalspieler und wechselte im Jahr 2003 von der Aachener Alemannia ans Millerntor. Nachdem er 2006 für ein Jahr zum Bundesligisten FSV Mainz 05 gewechselt war, kehrte er prompt wieder zum FC St. Pauli zurück und blieb dort weitere fünf Jahre.

Als ihm Trainer André Schubert im ersten Gespräch unter vier Augen die Frage stellte, wie er damit umgehen könne, zukünftig auch häufiger auf der Bank zu sitzen, orientierte sich Ralle Gunesch neu und nahm ein Angebot des Ligarivalen FC Ingolstadt an. Nach 190 Erst- und Zweitligapflichtspielen am Millerntor verließ „Felgen-Ralle" schweren Herzens den Verein seiner Wahl.

Gewöhnlich gut informierten Kreisen zufolge sollen auch einige Damen in Hamburg und der benachbarten norddeutschen Region über den Vereinswechsel des weiblichen Fan-Lieblings wochenlang Trauer getragen haben. Das lag gewiss nicht daran, dass „Ralle" Gunesch der Zeitung „St. Pauli Nachrichten" angeblich in einem Interview gestanden hatte, schon mal Sex im Auto gehabt zu haben, woraus die Bild-Zeitung nach Aussage Guneschs eine Riesenstory aus einem Halbsatz gedrechselt habe, Headline „Ich hatte Sex in fünf Autos."[39]

Unbestritten ist, dass eine der Leidenschaften von Ralph Gunesch das Autofahren ist. Mindestens zehn Audis hat er bisher gefahren. Gelegentlich kann man im Internet eines seiner Fahrzeuge oder auch nur das Armaturenbrett mit Kilometerzähler auf einem „Selfie" besichtigen. Dass er zum FC Ingolstadt wegen des Sponsors Audi gegangen sei, bestritt Ralph Gunesch und gestand, dass sonst niemand angerufen habe, schließlich sei er ja nicht aktiv auf den Markt gegangen.[40]

Das wichtigste im Leben des zeitweiligen Wahl-Oberbayern ist, trotz seiner Vorliebe für rasante Autos, der Fußball. Da machte „Ralle" Gunesch allerdings phasenweise eine harte Bewährungsprobe durch.

2014 erlitt „Ralle“ Gunesch eine schwere Knieverletzung (Kreuzbandriss) und musste operiert werden. Wichtiger Halt in dieser Zeit war ihm seine Freundin Denise, eine Hamburgerin.

In Hamburg-Nienstedten hat er seine Wohnung behalten, und Kontakt hält er immer noch regelmäßig zu seinem Freund Fabian Boll.

In Ingolstadt kümmerte er sich in seiner Freizeit um alleingelassene und kranke Hunde in einem Tierheim, das auf halber Strecke zwischen seiner Wohnung und dem Trainingsgelände lag. Im Kampf gegen Rechtsextremismus und Rassendiskriminierung bezieht „Ralle“ Gunesch seit Jahren klar Position. Nicht nur deshalb ist er am Millerntor noch immer daheim.

Seit Januar 2018 arbeitet „Ralle“ Gunesch als Co-Trainer bei der 2. Mannschaft des FC Ingolstadt. Außerdem betätigt er sich als Moderator bei verschiedenen Privat-Fernsehsendern.

„Beim Fußball spielt es keine Rolle, wo man herkommt, so lange man gut kicken kann.“ (Benny Adrion im Interview mit der Süddeutschen Zeitung)[41]

Viva con agua: Benny Adrion

Benjamin Adrion ist der Sohn des Fußballtrainers Rainer Adrion, der zuletzt die deutsche U21-Nationalmannschaft betreute und früher beim VfB Stuttgart spielte. Auch Benny spielte beim VfB, zunächst in der Jugend aber beim VfB Neckarrems und dann bei der SpVgg. Unterhaching. In seiner Profikarriere blieb ihm der Sprung nach ganz oben verwehrt.

Begonnen hatte sie zunächst bei den Roten im Schwabenland, doch weder dort noch bei der Braunschweiger Eintracht wurde er Stammspieler in der Ersten.

2004 wechselte er von den niedersächsischen Löwen zum FC St. Pauli ans Millerntor. Nachdem er nach 37 Spielen in der ersten Elf ausgemustert werden sollte, entschied sich Benny Adrion auch wegen einer schweren Achillessehnenverletzung dafür, die zukünftigen Prioritäten auf das von ihm 2005 nach einem Trainingslager in Kuba begonnenen Projekt „Viva con agua" zu legen. Nebenbei spielte er von nun an in der zweiten Mannschaft des FC St. Pauli eine weitere Saison.

In Kuba hatte Benny Adrion die Auswirkungen schlechter Trinkwasserversorgung kennengelernt. Er beschloss, etwas zu tun und begann, Spenden zu sammeln. Zunächst sammelte er im Umfeld des Vereins, im Stadtteil St. Pauli, und relativ rasch entstand ein Netz von Helfern, das immer weitere Kreise zog. Auch Prominente wie z. B. die Musiker der Bands „Fettes Brot" und „Die Ärzte" unterstützen seine Aktionen. So konnten zunächst in Zusammenarbeit mit der „Welthungerhilfe" allein in Havanna in 150 Kindergärten Wasserspender installiert werden.

Die Initiative wurde alsbald auf Projekte in Afrika erweitert, es wurden Brunnen in Äthiopien, Uganda, Ruanda und Kenia gebaut. Benny Adrion ist immer wieder vor Ort aktiv, um die Projekte zu organisieren. Im Hamburger Schanzenviertel ist ein Büro der Initiative „Viva con agua" eingerichtet worden, dass mittlerweile so gut läuft, dass Adrion seinen Helfern Gehälter zahlen kann, „von denen sie leben können".[42]

Der junge Mann, der einst in Stuttgart neben seiner Fußballer-Laufbahn ein Studium der Geschichte und der Kulturwissenschaften begann, hat eine soziale Organisation auf die Beine gestellt, die wahrscheinlich alles Vergleichbare, das an sozialen Initiativen im Umfeld eines Fußballvereins entstanden ist, um Lichtjahre übertrifft. Es ist das Werk und die Lebensleistung von Benny Adrion, nicht eine Leistung des FC St. Pauli. Aber ganz gewiss hat der Verein FC St. Pauli, die dort herrschende Atmosphäre und die politische Akzentuierung des Vereins durch Fans, eine ideale Basis für den Aufbau des sozialen Projektes dargestellt.

Offiziell gegründet wurde „Viva con agua" im Jahr 2006. Heute hat die Initiative Markencharakter. Inzwischen hat die Idee des Benny

Adrion 15 verschiedene Länder mit 500.000 Menschen erreicht, denen konkret durch die Bereitstellung von Brunnen geholfen werden konnte. 8.000 ehrenamtliche Helfer haben „Viva con agua" unterstützt, darunter auch St. Pauli Profis wie „Bene" Pliquett (später Sturm Graz und andere Vereine), Marcel Eger und Philipp Heerwagen.

Am 5. Oktober 2009 wurde Benjamin Adrion für sein Engagement mit dem Bundesverdienstkreuz ausgezeichnet, obgleich er das dafür erforderliche Alter von 40 Jahren noch gar nicht erreicht hatte.

Damit hat Benny Adrion eine allerhöchste Ehrung erfahren, die seinem letzten Fußballverein, dem FC St. Pauli, bei Deutschen Meisterschaften und Pokalwettbewerben in anderer, vergleichbarer Form im Fußball versagt geblieben ist. Aber ein wenig schmücken darf sich der FC St. Pauli mit dem außergewöhnlichen Menschen, seinem früheren Spieler, eben schon. Denn Benny Adrion hat im FC St. Pauli und bei dessen Fans eine andere Art von Heimat.

„Mir ist es sehr wichtig, dass ich mich mit meinem Verein, seinen Fans und dem Umfeld identifizieren kann."
„Wenn einem das Wasser bis zum Hals steht, so hat mal ein kluger Mann gesagt, dann sollte man den Kopf oben behalten." (nach dem 2:2 im Abstiegskampf 2011 gegen den VfL Wolfsburg)[43]

Einmal um die ganze Welt: Marcel Eger

Eine Weltreise wollte Marcel Eger schon immer mal machen. Und im Jahr 2014 war es dann soweit. Marcel Eger lebte seinen Traum. Und machte sich auf die Socken.

In der Innenverteidigung des FC St. Pauli, für den er seit der Saison 2004/2005 die Stiefel schnürte, wäre es ihm auf Dauer ohnehin zu eng geworden. Seinen unaufhaltsamen Aufstieg in der Welt des Fußballs hatte der Junge aus Sachsen in Franken seinem Vater (Zweitligaspieler für den 1. FCN) und einem B-Jugend-Trainer zu verdanken.

Sie erkannten sein Talent, und so durchlief Marcel zunächst sämtliche Jugendmannschaften des 1. FC Nürnberg. Als erwachsener Spieler bekam Marcel Eger Angebote aus Lübeck, Braunschweig, Berlin und

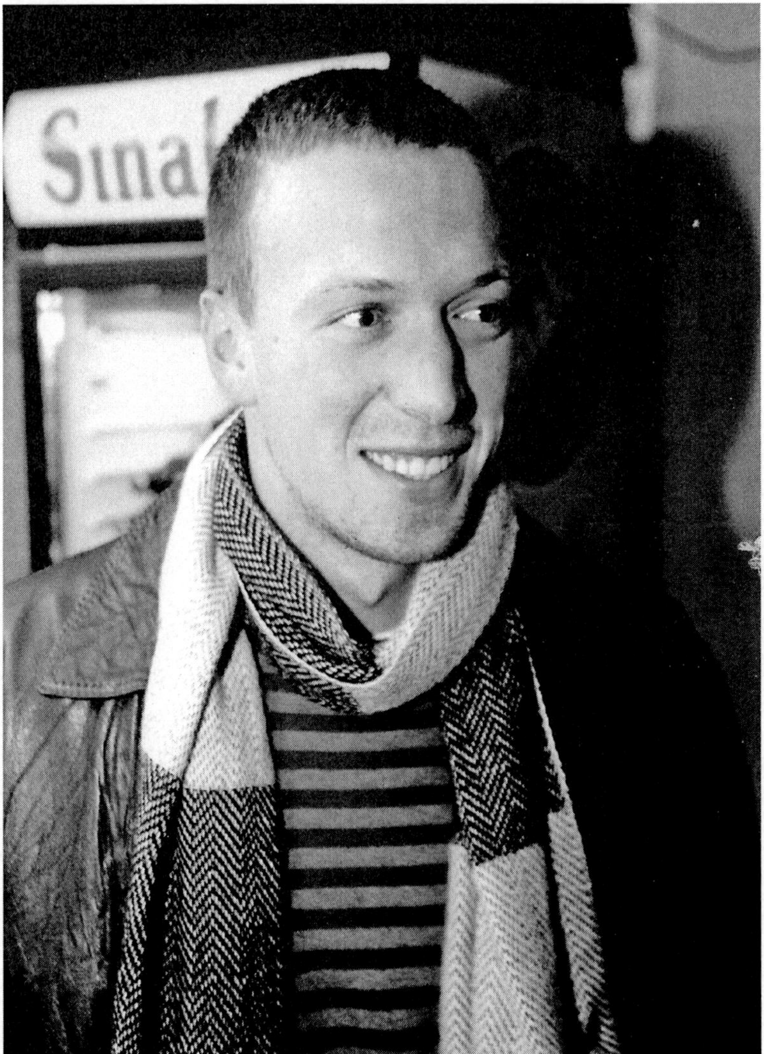

Marcel Eger bei einer Autorenlesung am Millerntor

Hamburg, nachdem er beim Bayern-Ligisten 1. SC Feucht auf sich aufmerksam gemacht hatte. Eger entschied sich für den FC St. Pauli.

Dort glänzte er als zuverlässiger und zweikampfstarker Abwehrrecke mit herausragendem Kopfballspiel. Auch im gegnerischen Strafraum wusste der großgewachsene Franke gelegentlich seinen eisenharten Schädel einzusetzen. Nach seiner Zeit am Millerntor unterschrieb Marcel Eger einen Vertrag beim englischen Drittligisten FC Brentford. Verletzungsbedingt wurde sein Vertrag jedoch nach kurzer Zeit in beiderseitigem Einvernehmen aufgelöst.

Doch auch nach der Profikarriere blieb unübersehbar, dass Marcel Eger weit über den Fußball hinaus noch andere Fähigkeiten entwickelte, bei denen ein kluger Kopf gefragt ist. Ohne Zweifel gehört Marcel Eger zu den Intellektuellen unter den ehemaligen Spielern des FC St. Pauli.

Im Anschluss an die viel zu früh beendete Karriere (und bereits zuvor) unterstützte und begleitete Eger seinen ehemaligen Mannschaftskameraden und Freund Benny Adrion beim Aufbau des Projektes „Viva con agua". Nebenbei agierte der begabte Musiker als Drummer in verschiedenen Bands und wurde Mitinhaber der Café Bar „Amphore" am Hamburger Hafen.

Im Sommer 2014 flog er mit Freunden zur WM nach Brasilien, blieb im Gegensatz zu diesen aber in Lateinamerika und reiste fortan für ein ganzes Jahr durch Peru, Bolivien, Chile und weiter durch die Welt. Seinen Freunden und Fans berichtete er via Facebook regelmäßig über seine Abenteuer und sandte ihnen faszinierende Fotos zu.

Der Intellektuelle: Markus Lotter

Markus Lotter wurde am 28. September 1970 in der oberpfälzischen Stadt Amberg geboren. In der Jugend spielte er für den DJK Endorf und den 1. FC Amberg. Sein Vater arbeitete als Glasmaler bei der Porzellanmanufaktur Rosenthal und seine Mutter als Fußpflegerin. Im

Alter von 18 Jahren schloß Lotter die Schulausbildung mit dem Abitur ab und studierte in Regensburg Germanstik und Geographie mit dem Ziel, Lehrer zu werden.

Nachdem er zunächst für Jahn Regensburg in der Bayernliga spielte, wechselte er 1993 zur SpVgg Fürth in der Regionalliga Süd. 1997 schafften die Ronhofer den Aufstieg in die 2. Bundesliga. Nach einer Saison zog es ihn zum FC St. Pauli ans Millerntor, mit dem er 2001 in Bundesliga auf- und ein Jahr später wieder abstieg. In der Bundesliga kam er nur ein einziges Mal zum Einsatz: Am 18. August 2001 gegen Bayern München. Das Spiel an der Isar ging 0:2 verloren.

Während seiner Hamburger Jahre erwarb sich Lotter bei Freund und Feind der St. Paulianer den Ruf eines Intellektuellen, weil er sich für Kunst und Literatur interessierte und in Gesprächen und Interviews mit den Medienvertretern entsprechend auftrat. Lotter mochte die Musik von Keith Jarrett, wohnte am Eppendorfer Weg in einem angesagten Hamburger Stadtviertel und schrieb gelegentlich Kolumnen für die in links-alternativen Kreisen gelesene taz (Die Tageszeitung). Er kleidete sich modisch-gediegen und entsprach weder dem landläufigen Bild eines tätowierten Fußball-Gladiatoren noch dem Image eines lebenslustigen Sunnyboys.

Auf dem Platz fiel der Mann aus der oberpfälzischen Provinz durch Besonnenheit, Spielübersicht und kluge Pässe auf. Gemeinsam mit seinem bayerischen Landsmann Thomas Meggle dominierte er das Mittelfeld am Millerntor. Er liebte das Kurzpassspiel, erwies sich als Verfechter des Ballbesitz-Fußballs und überzeugte als Freistoßspezialist. Defensivarbeit, Laufbereitschaft und Schnelligkeit zählten nicht zu seinen Stärken.

Als er einmal über mehrere Wochen in seinen Leistungen nachließ, machte er aus den ihn plagenden Selbstzweifeln („Was soll ich noch hier?") keinen Hehl und sprach sich mit Trainer Dietmar Demuth und Manager Stefan Beutel aus. Sie überzeugten Lotter, zu bleiben. Einen guten Freund fand er in dem in Berlin gebürtigen Mitspieler Daniel Scheinhardt.

Nachdem der FC St. Pauli innerhalb von zwei Spielzeiten von der Bundesliga in die 3. Liga abgestiegen war, orientierte sich Lotter neu. Schon ein Jahr zuvor hatte er erwogen, zu einem spanischen Zweitligisten (Real Murcia oder FC Elche) zu wechseln. Das Land, die Sprache und die Kultur im sonnengesegneten Land interessierten ihn, und schließlich hatte er sich dort vor Jahren einmal in Sevilla in ein spanisches Mädchen verliebt.

Doch es kam alles ganz anders. Markus Lotter ging nach Berlin, für ihn die einzige Großstadt-Alternative zu Hamburg. Er nahm sein Studium wieder auf und schnürte nun die Treter für den Köpenicker SC in der Amateurliga.

Nach abgeschlossenem Studium arbeitete Lotter als Sportreporter für „Die Welt" und rief die Internetkolumne „Sterne des Südens" (über den FC Bayern München) ins Leben. Im Mai 2008 wechselte er als Sportchef zur „Berliner Zeitung".

Der Ästhet: Christopher Buchtmann

Das Fußballspielen erlernte der am 25. April 1992 in Hameln an der Weser geborene Mittelfeldspieler beim TSV Groß-Berkel. Wann immer es ihm möglich ist, besucht er seine Familie, die nach wie vor dort zu Hause ist, wo er aufwuchs.

Sein außerordentliches Fußballtalent führte ihn schon in jungen Jahren zunächst zur Dortmunder Borussia, wo er in der B-Jugend antrat. Nachdem ihm ein Angebot des FC Liverpool vorlag, trennten sich die Borussen von ihrem Talent, weil sie keine Jugendlichen für andere Vereine ausbilden wollten. Buchtmann gelangte über eine einjährige Zwischenstation beim Amateurverein HSC BW Schwalbe Tündern schließlich doch an den Merseyriver zu den Junioren der Reds. Dort fiel er jedoch wegen einer Verletzung für längere Zeit aus und wechselte zu den Junioren des Londoner Clubs FC Fulham.

Von der U15 bis zum Eintritt in die Herrenmannschaften durchlief „Buchti" alle Auswahlmannschaften des DFB. Mit der U17, deren Kapitän er war, gewann er 2009 die Europameisterschaft. Anschließend unterzeichnete er einen Vertrag beim 1. FC Köln, spielte hier aber meist in der Reserve der Geißböcke.

Im Jahr 2012 wechselte er ans Millerntor und avancierte hier zum Mittelfeldmotor und Taktgeber der Kiezkicker. Ballsicherheit, Übersicht und schnelles Offensivspiel kennzeichneten seine Auftritte. Ohne Zweifel gehört er zu den technisch begabtesten und wirkungsvollsten Spielern, die von 2012 bis heute am Millerntor unter Vertrag standen. Phasenweise waren und sind die Vorstellungen des großartigen Technikers eine Augenweide für das Publikum des FC St. Pauli. Auch in der Defensive entfaltet er Wirkung.

Zugleich begleiteten den heimatverbundenen Niedersachsen zahlreiche schwere Verletzungen, wie schon zu Beginn seiner Karriere in den Jugendmannschaften: Innenbandriss im Knie, Bänderriss im Sprunggelenk und eine Schambeinentzündung. Immer wieder wurde „Buchti" durch die verletzungsbedingten Zwangspausen zurückgeworfen, und jedes Mal kämpfte er sich in die erste Elf zurück. Die Verletzungsanfälligkeit des St. Pauli-Spielers der Sonderklasse stand einer noch erfolgreicheren Karriere im Weg.

Privat lebt Christopher Buchtmann mit Freundin Janine zusammen, deren Familienmitglieder allesamt HSV-Fans sind. Doch der Schwiegervater in spe aus Pinneberg hat inzwischen unterhalb der HSV-Fahne auf seinem Grundstück auch eine Mini-Fahne des FC St. Pauli aufgehängt.

„Konzepte sind Kokolores." (Erich Ribbeck) [44]

Dompteure

Der stolze Deutsche: Uli Maslo

Unzählige Geschichten ranken sich um den Diplom-Sportlehrer, der bis zum Herbst 1979 im Schuldienst des Landes Nordrhein-Westfalen am Märkischen Gymnasium in Wattenscheid unterrichtete. Er galt als Trainer von „altem Schrot und Korn", duldete kein Abweichen von seinen Grundsätzen und Zielen. Erst in seinen letzten Berufsjahren als Fußballlehrer wich er, inzwischen altersmilde, in Ausnahmefällen von seinen Grundsätzen preußischer Disziplin ab. Bis 2005 trainierte er Fußball-Mannschaften, zuletzt den Club Al Salmiya in Katar.

Als Spieler hatte er in seiner Geburtsstadt für die SG Wattenscheid 09 gespielt, und dann noch beim FC Haarlem in Holland.

Die Trainerkarriere begann als Nachwuchs- und Co-Trainer bei Schalke 04, wo er im Dezember 1997 zum Coach der Profis befördert wurde. Schon damals stellte der für die Schalker spielende niederländische Nationalspieler Wim Suurbier nach einer erschöpfenden Konditionseinheit seinen Kollegen die Frage, ob man hier einen Athletik-Trainer hätte. Maslo, der es gewahr wurde, setzte fortan lieber auf andere Kicker im Kader.

In der Folge gastierte er kurze Zeit als Übungsleiter bei den Dortmunder Borussen, trainierte zu unterschiedlichen Zeiten zwei Mal als Coach bei der Braunschweiger Eintracht, hielt sich sieben Jahre als Trainer in den Golfstaaten Bahrain und Katar auf, bevor er am Millerntor zum Höhenflug ansetzte und 1995 in die Bundesliga aufstieg.

Michel Mazingu-Dinzey wurde von ihm ans Millerntor geholt, und Maslo war es auch, der Thomas Meggle beim FC Starnberg entdeckte. Beide sehen bis heute in ihm einen erfahrenen Trainer.

Michel Mazingu-Dinzey sagt, Maslo habe die Mannschaft damals ein System spielen lassen (3-3-3-1), mit dem die gegnerischen Teams große Mühe gehabt hätten. Es soll auch für die eigene Mannschaft nicht einfach gewesen sein, dieses System auf den Platz zu bringen, da es hohe Laufbereitschaft eines jeden Spielers erfordert habe und sehr komplex gewesen sei. „Uli Maslo hat nichts ausgelassen, um in die erste

Liga zu kommen", sagte Michel Mazingu-Dinzey, „er wurde belächelt, aber im Aufstiegsjahr hat er gute Arbeit geleistet."

Auch Torhüter Klaus Thomforde sagte, der FC St. Pauli habe zu dieser Zeit den besten Fußball in der Vereinsgeschichte der letzten Jahrzehnte gespielt.

Immerhin zwei Saisons konnte sich der FC St. Pauli unter Trainer Maslo im Oberhaus Bundesliga halten.

Gegner gab es, wie in vielen vergleichbaren Fällen am Millerntor, zuhauf. Hendrik Lüttmer, Produktchef bei der Agentur „Upsolut", gab dem Magazin für Fußballkultur 11 Freunde am 5. Mai 2013 zu Protokoll, dass man damals den Präsidenten Heinz Weisener und Trainer Uli Maslo sehr kritisch gesehen habe: „Maslo war der größtmögliche Anti-Trainer, den es auf St. Pauli geben konnte. Als er ins Aktuelle Sportstudio eingeladen war, sagte er sogar, er sei stolz ein Deutscher zu sein"[45].

Diese Aussage nahm Uli Maslo allerdings später gegenüber dem Fanzine „Der Übersteiger" wieder zurück. Wer Maslo kennt, wird ihm abnehmen, dass er mit rechtem und deutschnationalem Gedankengut nichts zu tun hat. Den Fans des FC St. Pauli blieb sein Ausrutscher jedoch immer im Gedächtnis.

Abgestiegen sei der FC St. Pauli, so Uli Maslo Jahre später, weil es kein Geld für Verstärkungen gegeben habe, und wenn man nur Kraftfußball spiele, dann gehe einem irgendwann die Puste aus. Zuvor soll der Verein versucht haben, ihn und den von ihm geholten Konditionstrainer Rainer Sonnenburg (Deutscher Zehnkampfmeister), abzuservieren. Dazu sei eigens ein Mitarbeiter (Krankengymnast) eingestellt worden, der die angeblich „gesundheitsschädigenden" Übungen des Konditionstrainers protokolliert habe.

Heute lebt Uli Maslo wieder in Wattenscheid und verbringt dort seinen Lebensabend.

„Ich muss mich noch beim Vorstand entschuldigen, weil wir das Ziel Klassenerhalt nicht erreicht haben.“ (Didi Demuth nach dem Aufstieg in die 1. Liga)[46]

Der ruhende Pol: „Didi“ Demuth

Dietmar Demuth ist so wie er aussieht: Kernig, geradlinig und hart im Nehmen. Er hat 226 Ligaspiele für den Verein FC St. Pauli auf den Rasen gebracht und dabei als Mann aus der Innenverteidigung 23 Tore erzielt.

Bei Bayer Leverkusen war er vier Jahre in der ersten Liga aktiv und auch für die Offenbacher Kickers trat er noch einmal in der Bundesliga an.

Unter dem Strich wird es den mit dem FC St. Pauli weniger vertrauten Fan sicher erstaunen, dass „Didi“ Demuth einer der erfolgreichsten Spieler am Hamburger Millerntor war. Angefangen hatte alles am Osdorfer Born, doch schon mit 12 Jahren spielte „Didi“ dann in den Jugendmannschaften des FC St. Pauli.

Der Stil „Didis“ war sicher nicht brasilianisch. Der immer mit vollem Einsatz spielende Abräumer spielte eben typisch deutsch, den einfachen Ball. Seine Schnörkellosigkeit und seine Härte ließen ihn zu einem unverzichtbaren Mitglied der Millerntor-Elf werden. Zudem war „Didi“ Demuth bei Standardsituationen ein nicht ungefährlicher Abstauber, der sich oft genug am richtigen Platz im Sechzehner einzufinden vermochte und dann zuschlug.

In seiner aktiven Karriere absolvierte Demuth 141 Erstligaspiele und 192 Zweitligapartien.

Ein Held am Millerntor war der hoch aufgeschossene, körperlich starke Abwehrspieler also schon lange, bevor er als Trainer mit seiner FC St. Pauli-Mannschaft bei einem Mini-Gesamtetat von 6,5 Millionen DM (nicht Euro) Ende der Saison 2000/2001 den Aufstieg in die Bundesliga schaffte.

Damit hatten selbst die kühnsten Optimisten an der Elbe nicht gerechnet. Coach-Erfahrungen hatte „Didi“ nach seiner aktiven Zeit als Spieler bereits hinreichend gesammelt, als er über die Millerntor-Amateure, den 1. FC Kaiserslautern (Co-Trainer), SV Lurup und VfL Wolfsburg (Co-Trainer) die Erste des FC St. Pauli übernahm.

Zunächst hatte er dort noch als zweiter Mann neben Willi Reimann gearbeitet, und dann wurde es ernst. Nun agierte Didi Demuth als Trainer nicht so, wie man es von ihm aus dem Strafraum als Manndecker und Abräumer gewohnt war, nicht beinhart, nicht ohne Rücksicht auf Verluste.

Er war in seiner Trainertätigkeit immer ein Kamerad, ein Freund der Spieler. Die Spieler vertrauten ihm und er seinen Leuten. Die Stimmung in der Truppe war hervorragend. Es gab keine Stars im Team, und Demuth wollte auch keine: „Bei uns wird keiner eine Million verdienen. Wir brauchen keine Absahner und Legionäre, sondern Typen, die sich mit dem FC St. Pauli identifizieren."[47]

Dieser Kameradschaftsgeist schweißte das Team zusammen. Einer seiner Akteure erzählt, dass die Führungsspieler manchmal in der Halbzeitpause selbst die taktische Marschroute festgelegt und die Aufgaben verteilt hätten. In einem Früh-Training am 1. Mai, dem Tag der Arbeit, ließ er dann auch schon mal „Betrunken" gegen „Nüchtern" spielen. Das Team „Betrunken" gewann, weil es mehr Spieler hatte.

In Didi Demuths Zeit als Trainer fällt auch die Story mit einem Waffenhändler, der als Spielervermittler mit Manager Stephan Beutel den Transfer von Yakubu Amadu verhandelt habe. Volker Ippig hatte auf die umstrittene Tätigkeit des Vermittlers hingewiesen, doch Manager Beutel behauptete, davon nichts gewusst zu haben. Allerdings wurde „Didi" Demuths Kommentar in einem dieser Gespräche publik: „Wann bekomme ich denn meinen Panzer?", hatte er seinerzeit gescherzt.

Die von „Didi" Demuth trainierte Mannschaft stieg aber nach einem einjährigen Gastspiel im Oberhaus des deutschen Fußballs wieder ab, und als der Start in der 2. Liga misslang, musste „Didi" seinen Stuhl räumen.

Danach ging es zunächst nach Ghana und schließlich quer durch Deutschland: Chemnitz, Braunschweig, Babelsberg, Bergedorf, Berlin Meuselwitz. Zuletzt arbeitete Demuth als Trainer bei BSG Chemie Leipzig in der Regionalliga Nordost.

„Bei meinen Besprechungen hängt ein großer Zettel an der Wand: Unwetter-Taktik. Dann schließen die Spieler die Augen und wir schalten den Ghetto-Blaster an. Es wird ein Lied von Scooter mit einer tiefen Stimme gespielt. Dann lese ich ‚Auferstehung' vor: ‚Am Anfang war die Eiszeit. Wie ein Hurrikan werden wir über den Platz fegen. Mit Blitz und Donner wird es beim Gegner einschlagen' ... morgens sind meine Gedanken immer sehr frisch. Draußen ist blauer Himmel, die Vögel zwitschern, der Hund wedelt. Dann haut man mal Scooter in den CD-Player. Ich tanze dann mit meinem Hund. Das bringt mich in Stimmung."[48]

Unser Mann vom Supermarkt: Holger Stanislawski

So richtig will er nicht in das Ambiente des Großeinkaufs im Supermarkt hineinpassen.

Wer Holger Stanislawski in seiner hellbraunen Regentrainingsjacke in Erinnerung hat, so wie er damals an der Seitenlinie und auf dem Trainingsgelände an der Kollau umherlief und seine Männer kommandierte, der wähnt sich im falschen Film, wenn er Holger Stanislawski in seinem REWE-Markt in Hamburg-Winterhude zufällig zu Gesicht bekommt.

Aber es ist, wie es ist: Holger Stanislawski, in ganz Hamburg als „Stani" bekannt, und von zahlreichen Fans am Millerntor seit seinem Abschied Tag und Nacht zurückgesehnt, managt jetzt als Mitinhaber eine der größten REWE-Filialen in Norddeutschland.

„Ich will nicht noch mit 60 auf Trainerjobs warten und in der Weltgeschichte herumreisen"[49], so hat „Stani" seinen Schritt im Gespräch mit dem „Hamburger Abendblatt"-Journalisten Andreas Hardt begründet.

Jetzt ist Holger Stanislawski als Geschäftsführer für das Marketing in seinem Lebensmittel-Großbetrieb zuständig. Statt Taktik, Ballbeherrschung und Kondition kümmert er sich nun um Regalanordnung, Dekoration, Präsentation und Verkaufszahlen pro Flächenmeter.

Rund 35.000 Kunden besuchen sein Geschäft in einer der besten Wohngegenden Hamburgs, allein am Samstag zählt die REWE-Filiale 6.000 Besucher. Seit „Stani" dort regelmäßig im Einsatz ist, stiegen Kundenzahlen und Umsatz beträchtlich an.

Dabei hat Holger Stanislawski sein ganzes bisheriges Leben mit Sport und Fußball verbracht. Auch wenn er nicht immer gelebt hat, wie sich das nach Lienen'schen Maßstäben geziemt hätte. Gerne hat er geraucht. Und Kaffee getrunken hat „Stani" wie ein Weltmeister. Beim Kaffeetrinken ist ihm auch die Idee gekommen, etwas Bodenständiges zu machen. Und wichtig war ihm dabei, wieder in Hamburg zu sein.

Weder seine Trainerstation in Köln bei den Geißböcken noch das gut dotierte Engagement beim in deutschen Fußballfan-Kreisen nicht sonderlich beliebten Klub TSG Hoffenheim, sind ihm zur Heimat geworden. Zwar lagen nach seinen Abschieden reihenweise Anfragen anderer Vereine vor, doch „Stani" wollte Abstand, eine Pause, um innezuhalten und sich erholen und neu orientieren zu können.

In einem beeindruckenden Interview mit Sport-Bild berichtete er, wie sehr das Leben als Profitrainer den Alltag besetze. Ein „normales" Leben in der Familie und die Pflege von Freundschaften seien so gut wie gar nicht möglich. Am Ende einer Saison sei man ausgelutscht und brauche Zeit, um wieder zur Ruhe zu kommen.

Zum FC St. Pauli hat „Stani" natürlich ein anderes Verhältnis als zur TSG Hoffenheim, obgleich er sich die Spiele des FC St. Pauli aus Gründen der Rücksichtnahme gegenüber aktuell sportlich Verantwortlichen lieber im Fernsehen ansieht.

„Stani" ist bis heute im Kontakt mit einigen seiner ehemaligen Spieler. Immer hat er ein Herz auch für diejenigen seiner Schützlinge gehabt, die nicht wie Marionetten funktionierten. Unter allen, die mit ihm oder „unter" ihm als Trainer spielten, dürfte es kaum einen Akteur geben, der ihn kritisch sieht.

Einig sind sich alle seine Weggefährten darin, dass „Stani" der größte Motivator aller Zeiten in Diensten des FC St. Pauli war. Seine

Ansprachen in der Halbzeit sollen legendär gewesen sein. Für ihn wäre jeder, der in „Stanis" Zeit im braunweißen Jersey auf das Feld gelaufen ist, durchs Feuer gegangen. Wie kein anderer konnte „Stani" jeden einzelnen Spieler auf die ihm gebührende Weise motivieren und bei jedem auch das letzte Quäntchen Kampfgeist abrufen.

„Für den habe ich mir den Arsch aufgerissen", hat Deniz Naki über „Stani" gesagt.

Und so war Holger Stanislawski ganz sicher in seiner Eigenschaft als Sportdirektor und späterer Trainer der Motor und unersetzliche Motivator eines Teams, das bei durchschnittlicher fußballerischer Begabung den Weg von der dritten in die erste Liga schaffte.

Als er im Alter von 41 Jahren als Trainer in bewegenden Worten seinen Abschied vom FC St. Pauli nahm, musste er mit den Tränen kämpfen. Neben den fußballerischen Erfolgen hatte der Mann am Millerntor

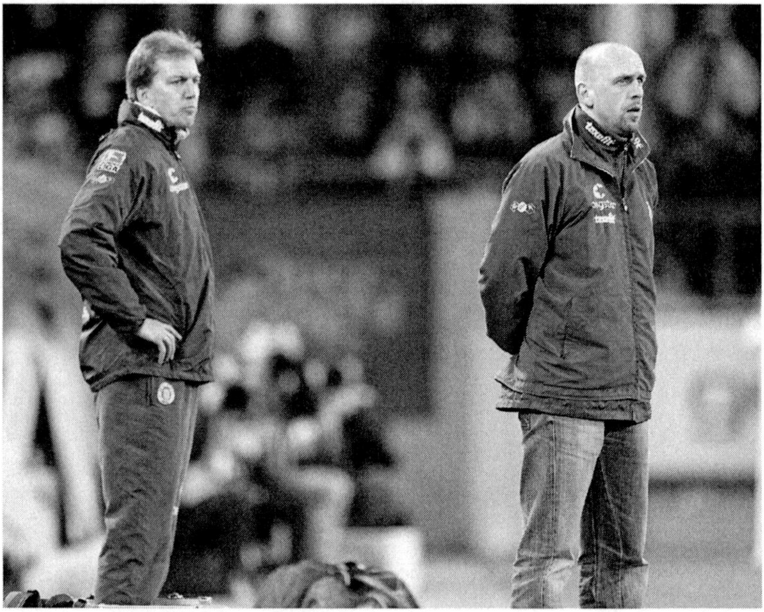

André Trulsen und Holger Stanislawski, das Trainerduo, hier beim Spiel 1. FC Köln gegen FC St. Pauli am 1.2.2008

einiges mitmachen müssen, so z. B. die Verstrickung von René Schnitzler in den Betrugsskandal oder den Selbstmordversuch des Spielers Andreas Biermann (der sich einige Zeit später endgültig das Leben nahm).

Der in Hamburg geborene Holger Stanislawski begann seinen Weg beim Bramfelder SV und spielte in der A-Jugend des HSV. Der Vater von „Stani" arbeitete als Betriebsprüfer beim Finanzamt und forderte und förderte seinen Sohn.

Seine Ehefrau Michelle ist schon als Fan zu den Spielen des FC St. Pauli gegangen, als „Stani" noch beim Bramfelder SV spielte. Über Concordia Hamburg wechselte der knüppelharte Defensivallrounder und 13-fache Jugendnationalspieler zum FC St. Pauli. Er hat 260 Spiele für den FC St. Pauli gemacht, davon 79 in der Bundesliga.

Als gelernter Masseur schulte „Stani" nach seiner Karriere zum Diplom-Sportfachwirt um, und war parallel zu seiner Tätigkeit als Manager des FC St. Pauli auch als Vizepräsident für den Kiezclub verantwortlich. Dazu war er einstimmig von den Mitgliedern gewählt worden. Das Diplom als Fußballlehrer erwarb „Stani" im Jahr 2009 als Lehrgangsbester mit Auszeichnung.

Nein, das Bild des harten Mannes und Einpeitschers vom Kiez ist nur die eine Seite des Holger Stanislawski. In Wirklichkeit ist er ein Mensch, der seine Familie und seine Freunde braucht. Und die karg bemessene Freizeit nutzte er, so oft das ging, auch zum Spielen mit seiner Labradorhündin Shila, die den Kosenamen „Dicke" abbekam. Sie starb wenige Tage nach seiner Entlassung in Hoffenheim. Das hat dem vermeintlich „harten" „Stani" sehr zugesetzt.

Fußball ist lange Zeit sein Broterwerb gewesen. Das „Geschäft" hat er mit Erfolg betrieben, ohne sich groß zwingen oder verstellen zu müssen. „Stani" blieb immer auf dem Boden.

Er hat seinen Spielern vor dem Match auch schon mal einen Rihanna-Song bis zum Anschlag aufgedreht, damit sie wie die Berserker rangehen. Doch ganz für sich allein hört er lieber Andrea Berg und er hat überhaupt kein Problem, das zu sagen. Die Vorliebe für Andrea Berg teilt er mit seinem langjährigen Kameraden André Trulsen. Die

Schlagersängerin hat beiden dann auch Autogrammkarten geschickt. „Stani“ ist am Millerntor daheim gewesen, nicht auf der Reeperbahn.

Und politisch würde er denjenigen, die den Verein am allerliebsten als eine Art außerparlamentarische Opposition sehen, auch nicht ins Konzept passen. „Holger, der Kampf geht weiter“: Diese Aufforderung aus Zeiten der RAF sagt ihm nichts, und es fällt ihm leicht, das zu bekennen.

Ihm imponiert Helmut Schmidt, und „der sogar ganz besonders. Ich habe einen Riesenrespekt davor, was er in seinem Alter transportiert. Außerdem ist er Raucher.“ [50]

Neben seiner unternehmerischen Tätigkeit im REWE-Großmarkt in Winterhude tritt Holger Stanislawski seit einigen Jahren als Fernseh-Fußballexperte auf und erklärt den Zuschauern auf unverwechselbare Art und völlig unkompliziert die taktischen Feinheiten des Fußballgeschehens bei Turnieren.

Bundesweit ist Holger Stanislawski bis heute neben Klaus Thomforde, Volker Ippig, André Trulsen und Fabian Boll der wohl populärste (Ex-)Spieler des FC St. Pauli.

„Ich weiß bis heute nicht, warum sie mich gefeuert haben.“

Ein Trainer vom Arbeitsamt: Helmut Schulte

Helmut Schulte ist einer der unaufgeregtesten Menschen, die man im Fußballgeschäft treffen kann. Er hat einiges mitgemacht in seinem Leben als Fußballer, Trainer und Manager.

Geboren wurde Helmut Schulte im 1.000-Seelen-Fachwerkdorf Kirchveischede, das zwischen Lennestadt und Olpe liegt. Nach dem Abitur studierte er auf Lehramt und spielte als aktiver Fußballer für Fortuna Köln bei den Amateuren.

In Köln erwarb er die Trainerlizenz als Lehrgangsbester und ging dann zum FC St. Pauli. Hier kickte er für die Amateure und arbeitete im Rahmen einer Arbeitsbeschaffungsmaßnahme (viele Lehrer waren zu jener Zeit ohne Stelle) als Jugendtrainer am Millerntor.

Sein erstes Spiel in der ersten Garnitur des FC St. Pauli habe er als Vorstopper gegen Bremerhaven gemacht, berichtete Helmut Schulte über seinen Broterwerb der frühen Jahre. Damals habe man vor 1.700 Zuschauern gespielt, und auf der Haupttribüne hätten mindestens 150 Jahre Knast gesessen. Ein Zeitzeuge erzählt, dass bei einem Aufstiegsspiel der Kieztruppe in Berlin-Charlottenburg nur Klaus Thomforde im Tor und Helmut Schulte, der Vorstopper, nüchtern gewesen seien.

Bei einem der Spiele jener Jahre, so Helmut Schulte in einem Interview mit dem Kölner „Express", sei eine Lautsprecherdurchsage gekommen: „Wenn Gabi in Sonder-Block A das Tablett nicht zurückbekommt, gibt es kein Bier mehr."

Nachdem seinerzeit Cheftrainer Willi Reimann infolge klammer Kassen den Kiezclub in Richtung HSV verließ, löste Helmut Schulte ihn ab. Zum Ende der Saison 1987/1988 war der FC St. Pauli unter seinem neuen Trainer in die Bundesliga aufgestiegen. Da konnte der junge Mann aus dem Sauerland noch nicht wissen, dass er sein halbes „Fußballerleben" (oder richtiger drei Leben) beim FC St. Pauli verbringen würde.

Als die Mannschaft im Februar 1991 in Abstiegsgefahr geriet, wurde Helmut Schulte entlassen und übernahm den Bundesligisten Dynamo Dresden als Cheftrainer. Weitere Stationen führten ihn zunächst als Trainer zu Schalke 04, dann als Manager zum VfB Lübeck – und 1996 wieder zurück ans Millerntor in gleicher Funktion.

Nach zwei Jahren war auch die zweite Mission Helmut Schultes am Millerntor beendet. Nun arbeitete er erneut am Gelsenkirchener Markt und in der Umgebung als Leiter des Nachwuchsbereiches der Knappen.

Aller guten Dinge sind drei: Am 1. März 2008 übernahm Schulte die Position des Geschäftsführers Sport beim FC St. Pauli.

Ein Jahr zuvor, Mitte Januar 2007, war Helmut Schulte in Essen in seinem fahrenden Auto durch eine umstürzende, 30 m hohe Buche während des Orkans „Kyrill" schwer verletzt worden. Mehrere Stunden lag er mit einem gebrochenen Halswirbel und mehreren anderen Verletzungen eingeklemmt in seinem Auto, bevor er ins Krankenhaus kam und ins künstliche Koma versetzt wurde. Als er Tage später aufwachte, war er froh, mit dem Leben noch einmal davongekommen zu sein und nicht im Rollstuhl sitzen zu müssen.

Beim FC St. Pauli machte Helmut Schulte im Anschluss an diesen schweren Unfall einen grandiosen Job. Aufgrund seiner fußballerischen Sachkenntnisse, seiner inzwischen weltweiten Kontakte und seiner hohen emotionalen Intelligenz gewann Schulte zahlreiche starke Spieler für den Verein am Millerntor. Unter anderem hatte er den Ausnahme-Verteidiger Carlos Zambrano bei einem Jugendturnier lateinamerikanischer Auswahlmannschaften entdeckt und über Schalke 04 zum FC St. Pauli geholt. Doch nicht nur das: Auch für die Verpflichtung von erstklassigen Spielern wie Max Kruse, Charles Takyi, Deniz Naki, Bastian Oczipka, Matthias Lehmann und Gerald Asamoah war Helmut Schulte verantwortlich oder maßgeblich daran beteiligt. Und diese Namen sind nur eine Auswahl aus den Spielern, die den FC St. Pauli in den letzten Jahren spielerisch prägten.

Mit Holger Stanislawski und Helmut Schulte trafen zwei starke Persönlichkeiten aufeinander, die beide klare Vorstellungen von der sportlichen Führung des Vereins hatten, in ihren Auffassungen aber nicht immer zu 100 % übereinstimmten. Das mag einigen Herren im Vorstand ganz recht gewesen sein.

Der stets freundliche Manager Helmut Schulte war in Vertragsverhandlungen mit Spielern ein harter Knochen, der gewillt war, die Finanzen zusammenzuhalten. Deshalb konnte Schulte auch nicht immer und zu allen Zeiten bei den Spielern beliebt sein. Dennoch arrangierten sich „Stani" und Helmut stets zum Wohle des Ganzen.

Irrungen und Wirrungen blieben nicht aus, als dem einen der beiden Urgesteine („Stani") der neue Trainer André Schubert nachfolgte.

Bis heute weiß niemand, wieso seinerzeit zunächst Schubert bleiben durfte und Helmut Schulte gehen musste. Denn Helmut Schulte war im Kreis des Vorstandes anerkannt und wurde geschätzt.

Hinter den Kulissen wurde gemunkelt, der damalige Vorstand mit Stefan Orth an der Spitze, sei in seiner Entscheidung einzelnen Stimmen aus dem Spielerlager gefolgt, und die hätten die Trennung von Helmut Schulte empfohlen. Die Vorwürfe der Spieler liefen wohl darauf hinaus, in Gesprächen über Verträge habe Helmut Schulte nicht

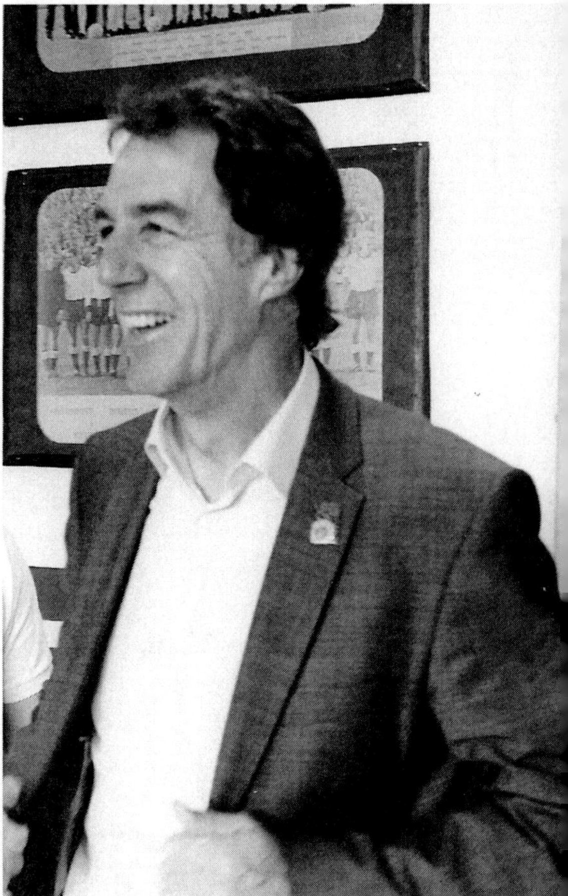

Helmut Schulte, Trainer und Sportdirektor des FC St. Pauli

immer klar und eindeutig agiert, manchmal habe er auf Zeit gespielt. Insider sagen, auch das Verhältnis zwischen André Schubert und Helmut Schulte sei nicht das Beste gewesen.

Dass kurze Zeit später der bei Fans und Fachleuten umstrittene André Schubert dennoch weichen musste, war für Schulte nur noch eine Randnotiz in seinen dreimaligen Engagements für den Verein am Millerntor.

Gegenüber einem Journalisten hat Helmut Schulte einmal von der „Selbstironie mit der Attitüde des Losers" als besonderes Merkmal des FC St. Pauli gesprochen.

Helmut Schulte wurde im Dezember 2012 Sportdirektor beim Wiener Arbeiterverein und österreichischen Rekordmeister Rapid Wien. Zwei Jahre später, ab Januar 2014, führte der erfahrene und erfolgreiche Manager wieder einen deutschen Verein, Fortuna Düsseldorf. Von 2016 bis 2018 arbeitete er als sportlicher Leiter bei Union Berlin. Der VfB Stuttgart verpflichtete ihn im Herbst 2018 als „Betreuer" der vom Klub verliehenen Spieler.

In Interviews und öffentlichen Äußerungen übt Helmut Schulte Zurückhaltung, wenn es um den FC St. Pauli geht.

„Es gibt genug Leute, mit denen ich in der Jugend gespielt habe, die die gleiche Chance wie ich verdient hätten, denen aber der Biss, der Ehrgeiz und die Bereitschaft zum Verzicht fehlten."[51]

517 Ligaspiele im Tor: Mathias Hain

Über die SpVgg. Greuther Fürth und Arminia Bielefeld kam der in Goslar im Harz geborene Keeper zum Millerntor.

Aufgrund seiner kantigen und direkten Art war er in seiner letzten Saison auf der Alm zum beliebtesten Spieler gewählt worden. Als Stammtorhüter war er mit den Arminen einmal ab- und dann gleich wieder in die Bundesliga aufgestiegen. Dort hatten sich die Blauschwarzen dank tatkräftiger Mithilfe ihres Kapitäns Mathias Hain immerhin vier Jahre lang gehalten, bevor der „Lotse", genannt „Matze" von Bord und zum FC St. Pauli ging.

Insgesamt absolvierte Hain 517 Ligaspiele, davon 179 für die Braunschweiger Eintracht, 22 in Fürth, 247 für Arminia Bielefeld und 69 am Millerntor – was für eine Kontinuität, und die auch immer in der Leistung! Während seiner gesamten Karriere überzeugte der an Silvester 1972 geborene Torhüter durch Zuverlässigkeit.

Nie war er ein „Showman". In seinen Anweisungen an die Abwehr behielt er die Ruhe, so gut wie nie wirkte er aufgeregt. Mathias Hain war ein vorbildlicher Profi. Er begriff seine Aufgaben im Strafraum und auf der Linie als Beruf und Berufung, ein „Bruder Leichtfuß" war „Matze" Hain so gut wie nie. Wer die ironische Einschätzung erfunden hat, dass alle Torhüter verrückt seien, kann Mathias Hain nicht gekannt haben. In seiner Zeit als aktiver Profi war Mathias Hain Mitglied des Spielerrats der Vereinigung der Vertragsfußballspieler. Auch sein Bruder Uwe Hain hütete als Profi das Tor, zunächst bei Eintracht Braunschweig, später beim HSV.

Als Matthias Hains Name – völlig aus der Luft gegriffen, und wohl nur wegen eines eklatanten Torwartfehlers in einem der angeblich betroffenen Spiele – im Zusammenhang mit der René Schnitzler-Affäre genannt wurde, reagierte Hain entsetzt und betroffen: „So etwas ist Hochverrat, das Schlimmste, was ich mir für eine Mannschaft vorstellen kann. Auch wenn jeder, der mich kennt, weiß, dass ich mich niemals bestechen lassen würde, ist für mich die Tatsache, dass mein Name in einem schlechten Zusammenhang auftaucht, extrem schlimm. Man kann es auch eine Höchststrafe nennen." [52]

Seit Sommer 2011 ist Mathias Hain als Torwarttrainer am Millerntor angestellt.

Ein Mann für alle Fälle: Thomas Meggle

Thomas Meggle ist neben Holger Stanislawski und Fabian Boll der bedeutendste Sportler des FC St. Pauli im bisherigen Verlauf dieses Jahrhunderts gewesen. Mehr oder weniger entdeckt wurde Thomas Meggle vom seinerzeitigen FC St. Pauli-Trainer Uli Maslo im Jahr 1997, der ihn vom oberbayerischen FC Starnberg an die Elbe holte.

Der am 22. Februar 1975 in München geborene Fußballer hatte aber schon Jahre vorher von sich reden gemacht. Mit der von Armin Veh trainierten A-Jugend des FC Augsburg war er 1993 im dortigen Rosenaustadion durch ein 3:1 über den 1. FC Kaiserslautern Deutscher Meister geworden. Da spielte der dunkelhaarige, gutaussehende Junge noch in der Defensive. Dennoch erzielte er im Siegspiel gegen die jungen roten Teufel ein Tor.

Von Beginn an sahen Fußballkenner in „Meggi" den Techniker am Ball mit Übersicht, einen Akteur, der einem Spiel den Stempel aufdrücken konnte, einen Regisseur. Auch in den frühen Jahren seiner Laufbahn als Fußballer war für niemanden in seinem Umfeld zu übersehen, dass Meggle neben seinen überragenden fußballerischen Fertigkeiten auch sonst ein kluger Kopf war. Mit seinen vielseitigen Begabungen hätte er auch in jedem konventionelleren Beruf Karriere machen können.

Thomas Meggle wirkte in den Anfängen seiner Karriere außerhalb des Spielfeldes stets eher zurückhaltend, bescheiden und höflich. Als Thomas Meggle am Millerntor auftauchte, war sein Entdecker Uli Maslo schon wieder weg. Statt Maslo kommandierte nun Weltenbummler Eckard Krautzun den Kader des FC St. Pauli. Krautzun habe ihn nach einem Training gefragt: „Wie heißt Du? Wo spielst Du?" Da habe er seinen Namen genannt und sich als defensiver Mittelfeldspieler dargestellt. Dies deshalb, weil er dort die meisten Chancen gehabt habe, aufgestellt zu werden.

Und so kam es dann auch. Für den erstmals außerhalb Bayerns agierenden jungen Spieler war es nicht einfach, sich gegen die erfahrenen und hartgesottenen Profis beim Kiezclub durchzusetzen. André Trulsen, Holger Stanislawski, Klaus Thomforde, Juri Sawitschew, sie alle waren bis zu zehn Jahre älter als er. Ein Teil der Mannschaft qualmte, und so rauchte Thomas auch schon mal eine mit. Einer der Spieler war harter Alkoholiker. „Meggi" lernte den Fußball mit all seinen großartigen Augenblicken, aber auch in seinen Schattenseiten kennen. Es waren Lehr- und keine Herrenjahre, als die Profikarriere des Thomas Meggle begann.

Nach seinem ersten Engagement beim FC St. Pauli kehrte er über die Zwischenstation bei 1860 München wieder zum Millerntor zurück. Als Zehner und klassischer Spielmacher war er am Wiederaufstieg des FC St. Pauli in die Bundesliga im Jahr 2001 ganz entscheidend beteiligt. Im 2:1-Weltpokalsiegerbesieger-Spiel gegen Bayern München, den Verein aus seiner Geburtsstadt, war Thomas Meggle der überragende Spieler und erzielte das 1:0 für seinen Club. Unter allen Spielern des FC St. Pauli war der sensible, hochbegabte Thomas Meggle einer elegantesten.

Noch einmal verließ er den FC St. Pauli in Richtung Rostock, um 2005 erneut am Millerntor die braunweißen Farben zu tragen. Dort spielte er zuletzt als „Sechser" bis 2010 und beendete seine Karriere wegen einer langwierigen Knieverletzung. Fortan assistierte der A-Lizenzinhaber den Trainern Holger Stanislawski und André Schubert als Co-Trainer, um im Herbst 2012 erstmals interimsweise das Training der Profis nach dem Weggang von Schubert zu übernehmen.

Im März 2013 erwarb er die Fußball-Lehrerlizenz als Zweitbester seines Lehrgangs und trainierte zunächst die U23 des FC St. Pauli. Im September 2014 wurde Thomas Meggle zum Cheftrainer der FC St. Pauli Profis berufen. Nachdem der neue Vorstand unter Musikvermarkter Oke Göttlich Ewald Lienen als Trainer verpflichtet hatte, wechselte Thomas Meggle bis zu seiner Absetzung im November 2016 in das Amt des Sportdirektors, das Rachid Azzouzi bisher innegehabt hatte.

Während seiner gesamten Karriere war Thomas Meggle auch außerhalb des Fußballgeschehens tätig. Er gründete als Verleger die Fußball-Zeitschrift „Fußball Hamburg“ (erscheint inzwischen nur noch digital), verlegte im Buch- und Kalenderbereich und beteiligte sich als Gesellschafter an einem Handwerksunternehmen.

Tom Apfelbaum, Fan-Urgestein am Millerntor und nicht nur Dauergast der ersten Garnitur, sondern auch ständiger Beobachter aller Spiele der U23, über den von ihm verehrten ehemaligen Spielmacher

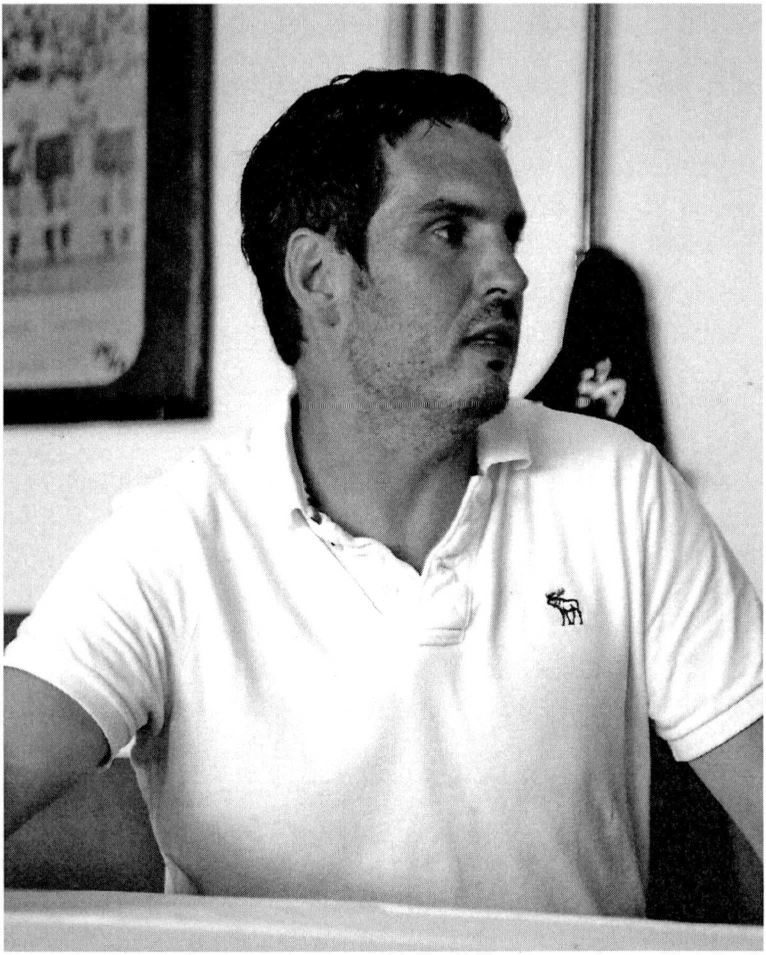

Thomas Meggle, Spieler, Trainer, Sportdirektor

und Trainer des FC St. Pauli: „Thomas Meggle war einer der fanverbundensten Akteure am Millerntor. Immer nach dem Spiel ging er zu den Fans und begrüßte und unterhielt sich mit uns. Er war und ist ein St.Paulianer mit einem großen Herzen, ein Vorbild."

Privat ist Thomas Meggle mit Frau Nicole aus Warnemünde verheiratet. Er hat sie bei einer Party kennengelernt und zufällig drei Tage später in einem Supermarkt wiedergetroffen. Zunächst wusste Nicole nicht, dass ihr Thomas Fußball-Profi war. An Fußball hätte sie damals auch überhaupt kein Interesse gehabt. Nach dem zweiten Treffen folgte eine Verabredung zum Kaffee, und dann war es auf einmal um die Beiden geschehen. Nicole Meggle: „Auf einmal war dann immer." Thomas und Nicole führen eine glückliche Ehe und haben zwei Kinder.

„Der FC St. Pauli ist eine der interessantesten Marken im deutschen Fußball."[53]

Der Zettel-Ewald: Ewald Lienen

Es war ein Paukenschlag, als der neue Präsident des FC St. Pauli Oke Göttlich die Einstellung von Ewald Lienen als neuem Cheftrainer bekannt gab.

Am 3. September hatte Thomas Meggle das Amt vom glücklosen Roland Vrabec übernommen. Jeder, der die Situation beim FC St. Pauli näher kannte, wusste, welch schweres Erbe er antreten würde – nicht zuletzt auch der bisherige U23-Trainer Meggle. Und im Laufe des Herbstes 2014 hatte sich diese Ahnung bewahrheitet. Viele Spieler des Millerntor-Clubs schienen mit ihren Aufgaben in der 2. Bundesliga überfordert zu sein.

Verantwortlich für die Zusammenstellung des Kaders war vor allem Rachid Azzouzi gewesen, der vor einigen Jahren von der SpVgg. Fürth gekommene Sportdirektor. Er musste am Morgen des 16.12.2014 seinen Hut nehmen und seinen Posten übernahm Thomas Meggle.

Ob diese Rochade einer sparsamen Haushaltsführung geschuldet war oder einfach nur die hohe Fachkompetenz des langjährigen Spielers und Mitarbeiters des FC St. Pauli auch für die Zukunft sichern sollte, blieb verborgen. Die Beteiligten versicherten freilich einmütig, Thomas Meggle sei zu jeder Zeit in alle Überlegungen einbezogen gewesen und habe auch von Gesprächen mit Ewald Lienen gewusst. Ob es in diesem Fall vielleicht nicht doch zunächst nur um ein Angebot für die Funktion des Sportdirektors beim FC St. Pauli gegangen war?

In einem im „Kicker" abgedruckten Interview hatte Oke Göttlich noch erklärt, dass die Jobs von Rachid Azzouzi und Thomas Meggle sicher seien, auch deshalb, weil eine Änderung Verunsicherung schaffe, ein völlig falsches Signal sei und gerade jetzt ein Zusammenhalt aller Verantwortlichen für die zukünftigen Jahre zusammenschweiße.[54] Genau einen Tag später stellte der neue Präsident den Treue-Schwur auf den Kopf.

Ewald Lienen erklärte noch Wochen später, bisher keinen Vertrag unterzeichnet zu haben, stürzte sich aber sofort in die Arbeit auf dem Trainingsplatz. Einmal abgesehen von der wundersamen Wende in der Strategie der Personalpolitik am Millerntor, war es womöglich keine falsche Entscheidung, in dieser prekären Tabellensituation einen erfahrenen Trainer zu holen. Sah man nämlich einmal von der Erfahrung des Trainergespanns Meggle, Schultz und Hain ab, so war mit Ewald Lienen endlich ein Mann mit Autorität gewonnen worden, der über seine Eignung als Übungsleiter hinaus, im Gegensatz zu einigen Mitgliedern im neu gewählten Vorstand und Aufsichtsrat, auch Kompetenz im Fußball-Business und dazu überragende Führungsqualitäten nachweisen konnte.

Ewald Lienen redete dann auch gleich Tacheles und stutzte sein Umfeld auf die ihm nach eigener Meinung zustehende Größe zurück: Selbstverständlich werde er Einfluss auf alle wichtigen Entscheidungen nehmen. In der Winterpause sorgte er dafür, dass mit Julian Koch, Waldemar Sobota und Armando Cooper Spieler seiner Wahl in den Kader geholt wurden.

Seine Karriere als Trainer hatte Lienen beim MSV Duisburg begonnen. Weitere Stationen waren Hansa Rostock, der 1. FC Köln, CD Teneriffa, Hannover 96, Panionios Athen, 1860 München, Olympiakos Piräus, Arminia Bielefeld, AEK Athen und zuletzt Otelul Galati. Noch erfolgreicher war Lienen einst als Flügelstürmer gewesen. In seiner aktiven Zeit gehörte der für Arminia Bielefeld, Borussia Mönchengladbach und den MSV Duisburg spielende Westfale zu den besten Linksaußen in Europa. In 333 Spielen in der Bundesliga schoss er 49 Tore.

Dass Lienen den FC St. Pauli als „interessante Marke in der Bundesliga" bezeichnet hatte, stieß erwartungsgemäß einigen antikapitalistischen Hütern der St. Pauli-Ideologie in Diskussionen im Internet gleich übel auf, obgleich sich Ewald Lienen doch schon ein ganzes Leben und Fußballerleben lang für die Sache der Schwachen und gegen Ungerechtigkeit eingesetzt hatte.

Lienen führte den FC St. Pauli bis zum Mai 2017 als Trainer und wechselte dann auf den Posten des Technischen Direktors.

„Er war die Seriosität in Person, bei ihm konnte man sich auf das gesprochene Wort verlassen." (Carsten Pröpper)

Padre Padrone: Heinz Weisener

Heinz Weisener nannten sie „Papa Heinz". Rein äußerlich wirkte er alles andere als väterlich. Vielmehr trat der den Verein vom Kiez regierende Präsident stets wie ein Gentleman auf, immer gut gekleidet, mit exzellenten Manieren, kurzum: ein Hanseat, ein hanseatischer Kaufmann. Dabei war er von Beruf Architekt. In dieser Eigenschaft hat er Wohn- und Geschäftsgebäudekomplexe konzipiert, bauen lassen und anschließend vermarktet.

Mit dem linken, aufrührerischen Image des FC St. Pauli in der bundesdeutschen Öffentlichkeit hatte der geborene Hamburger und Vater von fünf Kindern so gut wie nichts am Hut. Er trug Seidenschals, ging in die Oper und war Mitglied der CDU. Im Umgang mit anderen Menschen blieb er zurückhaltend und stets freundlich.

Für den FC St. Pauli, den Weisener selbst als „meine Geliebte" bezeichnete, hat der zehn Jahre lang, von 1990 bis 2000 amtierende Präsident Aber-Millionen ausgegeben. Ohne das Geld von „Papa Heinz" hätte der Verein schon in den neunziger-Jahren kaum überleben können. Wenn es am Monatsende an Geld fehlte, übernahm Heinz Weisener die Gehaltszahlungen aus seiner Privatkasse. Über 10 Millionen DM soll er in den Verein gesteckt haben.

Der Höhepunkt seiner Präsidentschaft war der Wiederaufstieg in die Bundesliga am 18. Juni 1995. Im Clubheim tanzten Fans und Spieler und stimmten das Fanlied „Es gibt nur ein Papa-Heinz" an. Die Polonaise wurde von einem Herrn im Anzug angeführt: „Papa Heinz" eben.

Die Spieler jener Jahre sprechen allesamt mit Hochachtung von ihrem damaligen Präsidenten. Kritiker, die in „Papa Heinz" einerseits einen Alleinherrscher sahen und ihm andererseits nachsagten, er sei zu nachgiebig gegenüber den Spielern gewesen, gab es auch.

Nachdem er das Präsidentenamt an Reenald Koch abgegeben hatte, ging Weisener nicht mehr zu den Spielen ans Millerntor. Dennoch blieb der FC St. Pauli bis zu seinem Tod am 7. April 2005 seine große Liebe. Den an einer schweren Lungenerkrankung verstorbenen beliebten und warmherzigen Menschen Heinz Weisener gedachte „Corny" Littmann mit anerkennenden Worten: „Er war für viele im Verein und im Umfeld des Vereins eine Vaterfigur. Er war ein großer St. Paulianer. Wir werden ihm stets ein ehrendes Andenken bewahren."

„Ich habe keine Ahnung von Fußball."

„Es ist in der Vergangenheit nicht gelungen, die mittelständischen Kreise in Hamburg zu erreichen, die Sympathien für den Verein haben. Die gehen lieber zum HSV. Bisher war unser VIP Programm ja eher eine zuverlässige Veranstaltung, die in einem Container stattgefunden hat."[55]

Der König vom Kiez(club): „Corny" Littmann

Gegenüber Jan Feddersen von der „taz" hat „Corny" Littmann einmal erklärt, dass er immer nur das getan hat, was ihm Spaß machte. „Corny" Littmann ist in einer großbürgerlichen Familie aufgewachsen, in der er es sich leisten konnte, das zu machen, was er wollte. Sein Vater war Professor für Finanzwissenschaft an verschiedenen Universitäten in Deutschland, die Mutter starb, als „Corny" Littmann 11 Jahre alt war.

Nachdem sein Vater 1970 einen Ruf an die Uni in Hamburg erhielt, zog er mit seinen Kindern nach Hamburg. Am Gymnasium Alstertal legte „Corny" Littmann das Abitur ab und studierte Psychologie. Er war Mitglied im SHB (Sozialistischer Hochschulbund, vormals sozialdemokratischer Hochschulbund, ein der SPD nahestehender Studentenverband) und im Fachschaftsrat für Psychologie an der Uni in Hamburg.

Nachdem er sich bereits 1971 als Schwuler geoutet hatte, wurde er Ensemble-Mitglied der Theatergruppe „Brühwarm", die bundesweit auftrat. 1979 trat Littmann der Grün-Alternativen Liste (GAL) bei, und zur Bundestagswahl 1980 nominierte ihn seine Partei als Spitzenkandidat der Grünen in Hamburg.

Gemeinsam mit Gleichgesinnten deckte er einen Skandal der Hamburger Innenbehörde auf, die in öffentlichen Toiletten am Spielbudenplatz auf St. Pauli und anderenorts in der Hamburger Innenstadt hinter Spiegeln Polizisten platziert hatte, um Homosexuelle zu überwachen.

1982 gründete er das Theater „Familie Schmidt". Im September 1991 eröffnete er gemeinsam mit Partnern das „Schmidts Tivoli" auf der Reeperbahn, direkt am Spielbudenplatz.

An der Wiederaufwertung und Regeneration des Stadtteils St. Pauli hat „Corny“ Littmann entscheidenden Anteil. Nach dem Zweiten Weltkrieg galten weite Teile des Kiezes als schmuddelig und unansehnlich. Das hat sich in mancherlei Hinsicht geändert, auch durch Initiativen und Investments des Unternehmers „Corny“ Littmann.

Wenn „Corny“, wie er landauf, landab genannt wird, gestern und heute gerne sagt, er kenne sich im Fußball nicht aus, ist das eher Understatement als Wahrheit.

Er war schon in seiner Jugend Fußballfan, zunächst Anhänger von Hertha BSC, weil er als Junge in Berlin gewohnt hat. Er weiß, wie es um die wichtigsten Vereine in der Bundesliga steht, und selbstverständlich verfolgt er wie eh und je das Geschehen um den FC St. Pauli.

Das Kompliment, er sei der Retter des FC St. Pauli gewesen, übergeht „Corny“ Littmann im Gespräch. Widersprechen will er auch nicht, denn er weiß, dass es stimmt. Über seine Maßnahmen, Taten und seine Unterstützung (auch finanzieller Art) für den Verein seines Herzens, verliert er kein Wort.

Obwohl er sich Mühe gibt, es zu verbergen, kann man ahnen, dass „Corny“ Littmann doch ein bisschen stolz auf das ist, was er für den FC St. Pauli geleistet hat.

Beobachter haben schon immer bewundert, wie gelassen „Corny“ Littmann sowohl mit seinen Mitarbeitern als auch mit Kritikern umgeht. Beleidigungen und Pöbeleien im Stadion, denen er sich aufgrund seines Schwulseins ausgesetzt sah, als seine Wahl zum Präsidenten anstand, überhörte „Corny“ Littmann einfach.

Am 25. Juli 2003 wurde Cornelius Littmann zum Präsidenten des FC St. Pauli gewählt. In der Nachfolge von „Papa Heinz“ und dem als Präsidenten blass gebliebenen ehemaligen Profi Reenald Koch reifte Littmann zum wichtigsten Mann in der Nachkriegsgeschichte seines Vereins. Seine Berufung löste enorme Reaktionen aus. Nicht nur ältere Mitglieder und Fans sahen in ihm nach eigener Aussage „eine Tunte, die im Fußball nichts zu suchen hat.“[56]

Er führte den Club trotz mancherlei Intrigen seiner Gegner bis zum Jahr 2010. Er kappte die Verwaltungskosten in der Krise um deutlich mehr als die Hälfte, entließ Mitarbeiter, sorgte für Spieler, die in das Gefüge des FC St. Pauli passten und brachte seine Kreativität auf allen Ebenen des Vereins ein. Seine Kunst der Vereinsführung bestand darin, nicht alles selbst zu machen, sondern die richtigen Leute in die Jobs zu bringen, die ihren Talenten entsprachen. Bald spürten auch die letzten Träumer, dass dieser Mann vom Kiez sehr viele verschiedene Begabungen hatte. Und eine davon war die Fähigkeit zu führen.

„Corny" Littmann rettete den Verein durch sein privates Netzwerk und ein Feuerwerk erfolgreicher Marketingideen vor dem Konkurs, und er schuf alle Voraussetzungen für den Bau des neuen Millern-

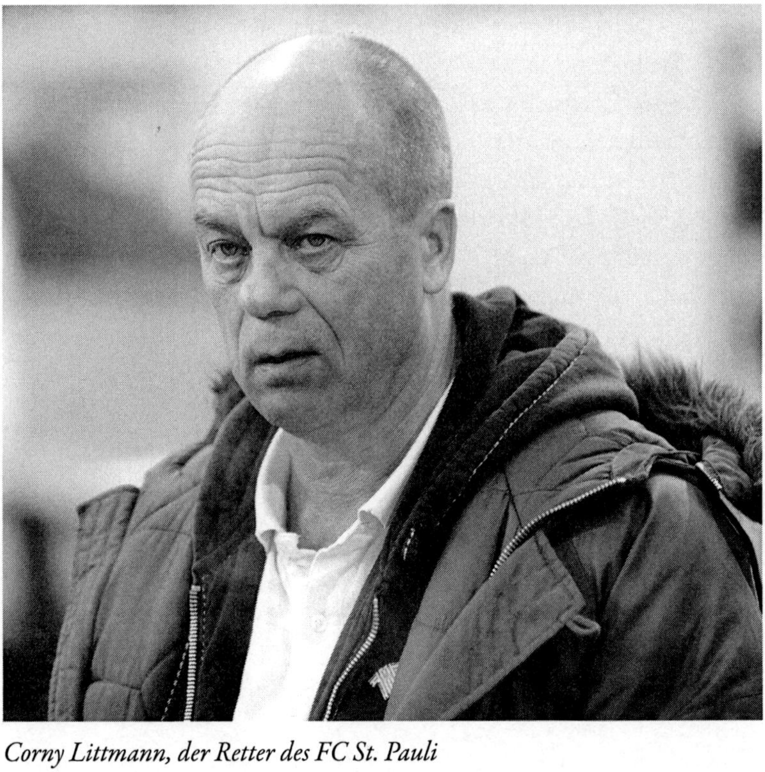

Corny Littmann, der Retter des FC St. Pauli

tor-Stadions und damit für die erfolgreiche wirtschaftliche Zukunft des FC St. Pauli.

Im Geschäftsjahr 2008 erwirtschaftete der FC St. Pauli einen Gewinn von 1,1 Millionen Euro. Die Retter-T-Shirt-Aktion, das Bayern-Benefiz-Spiel, unzählige andere Ideen zur Wiedergenesung des FC St. Pauli waren die Ideen dieses Präsidenten. Ohne „Corny" Littmann gäbe es den FC St. Pauli heute mit hoher Wahrscheinlichkeit gar nicht mehr.

Als er im Jahr 2010 sein Amt auf eigenen Wunsch völlig überraschend niederlegte, war der Boden für bessere Zeiten bestens vorbereitet.

Dass dem Schauspieler, Theaterinhaber, Catering- und Gastronomie-Unternehmer, Manager, ewigen Optimisten und Menschenfreund „Corny" Littmann die Rettung des FC St. Pauli gelang, grenzt an ein Wunder.

Für seine unternehmerischen und kulturellen Lebensleistungen ist Littmann schon mehrfach mit Preisen ausgezeichnet und geehrt worden (z. B. Hamburger Unternehmer des Jahres 1999).

Und noch: Zu HSV-Idol Uwe Seeler hat „Corny" ein ganz besonderes Verhältnis: Als kleiner Knirps an einem Hamburger Gymnasium hat er einmal das Idol des deutschen Fußballs für seine Schülerzeitung interviewt.

Diener

„Bis minus 23 Grad immer." („St. Pauli-Willi" zu seinem Fan-Outfit in kurzen Hosen) [57]

Der „St.-Pauli-Willi": Willi Bruhnsen

Willi Bruhnsen ist der berühmteste Fan des FC St. Pauli, und er wird es wohl für immer bleiben. Zu allen vier Jahreszeiten, und egal ob es schüttete wie aus Eimern, oder Frau Holle Schneestürme aus Nordwest ans Millerntor peitschte, erschien Willi Bruhnsen zu jedem Heimspiel in kurzen Fußball-Turnhosen und Fußballschuhen. Die Stutzen waren unterhalb des Knies penibel umgekrempelt. Seinen Kopf bedeckte eine braunweiße Schiebermütze und, an einer Kordel befestigt, baumelte eine Tröte am Hals. 50 Jahre lang begleitete der St.-Pauli-Willi seinen Verein, mehr als 25 Jahre davon als Mitglied. Unmittelbar vor seinem Tod wurde ihm die „Silberne Ehrennadel" verliehen. Harald Stender und Günther Peine überreichten ihm die Nadel im Krankenhaus, Willi weinte vor Freude und Rührung. Aufgrund seiner schweren Zucker-Erkrankung war der St.-Pauli-Willi nahezu vollständig erblindet. Beide Füße waren ihm amputiert worden. Trotzdem verfolgte er die Spiele seines Vereins bis zuletzt am Radio.

Am 15. Juni 2002 starb der „Vater" aller St. Pauli Fans im Alter von 70 Jahren und wurde auf dem Friedhof in Hamburg-Rahlstedt beerdigt.

Als letzte Bitte äußerte Willi Bruhnsen: Eine braunweiße Fahne möge anlässlich der Beerdigung über seinen Sarg gelegt werden. Diesen Wunsch erfüllte der FC St. Pauli seinem größten Fan.

„Diesen Scheiß brauche ich nicht." (André Golke)

Der Dauerbrenner: Roland Wollmann

„Wolli" ist nun seit mehr als dreißig Jahren mit von der Partie. Der am 6. Juli 1956 geborene Masseur des FC St. Pauli steht seit 1986 in

2.Bundesliga, Saison 93/94

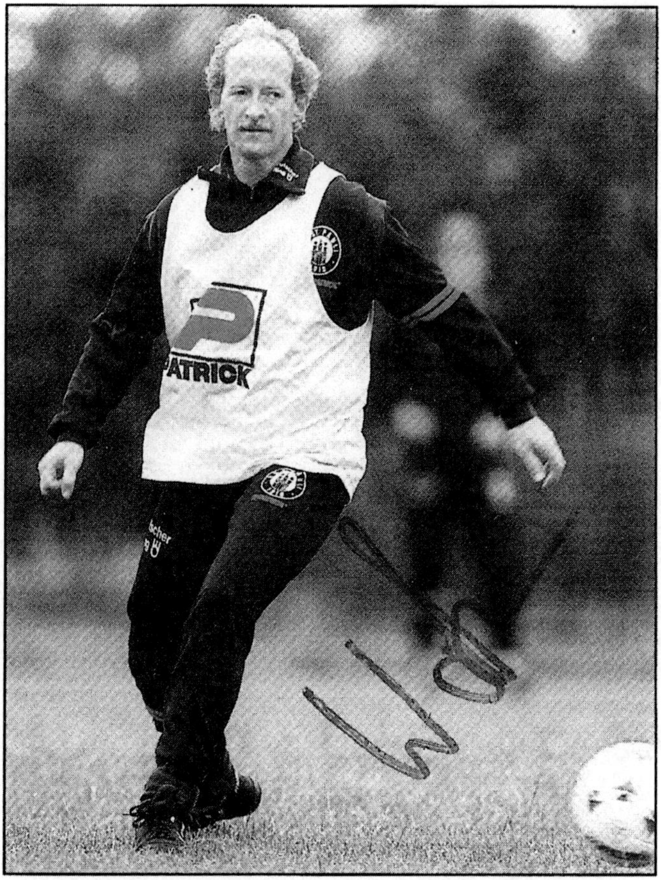

RONALD WOLLMANN

Masseur

Masseur „Wolli“ selbst am Ball

Diensten seines Klubs. Trotz einer überstandenen Krebserkrankung ist er immer noch die gute Seele der Physio-Abteilung des FC St. Pauli. Im Januar 2015 feierte er sein 60. Trainingslager mit den Kiezkickern in der türkischen Bade- und Touristenmetropole Belek, wo alljährlich Dutzende von Profi-Fußballklubs ihre Vorbereitungen auf die Rückrunde treffen.

Als alles anfing, nahmen es seine Schützlinge mit der Massagebank noch nicht so genau. Harte Männer wie André Golke verzichteten gerne auch mal darauf, durchgeknetet zu werden: „Diesen Scheiß brauche ich nicht", soll er einst zu „Wolli" gesagt haben.

Es hätte damals mehr „Typen" gegeben, und der Ton sei rauer gewesen, erzählte „Wolli" „Mopo"-Reporter Buttje Rosenfeld. Zu seinen Lieblingen gehörte André Trulsen, der ein hundertprozentiger Profi gewesen sei, aber auch der brasilianische Publikumsliebling Leonardo Manzi, der auf dem Platz zu weit mehr fähig gewesen wäre, wenn er sich nicht „zu viel um zu viele Mädchen gekümmert hätte."[58]

„Es gibt Dinge wie die Kalte Muschi und die Tanzgeschichte, die sind grenzwertig."[59]

Eine Art Berufsfan: Roger Hasenbein

An seinem Platz im Aufsichtsrat würden manche unter den „gesettelten" Fans lieber Farin Urlaub, den Sänger der Band „Die Ärzte" sehen. Denn die Kult-Band schenkte ihrem Lieblingsklub immerhin einmal einen 15.000 Euro teuren Toiletten-Container.

Der gebürtige Heidelberger Sozialarbeiter Roger Hasenbein ist seit mehr als 20 Jahren ein Protagonist der sich immer stärker einbringenden politisch ambitionierten Fanszene. Im Hauptberuf ist Roger Hasenbein als „Streetworker" im Team „Straßenpflaster" beim Jugendamt Altona eingestellt. In Altona, rund um den Bahnhof und in der weiteren Umgebung, kümmert er sich um Jugendliche mit Problemen, hilft ihnen bei der Kommunikation und persönlichen Begegnung mit Ämtern, Behörden und Ordnungsorganen.

Rein äußerlich betrachtet lässt sich der engagierte Vertreter der Fans im FC St. Pauli-Aufsichtsrat eher durch sein Alter als durch sein Outfit von seinen Schützlingen unterscheiden. Er trägt Ohrringe und Kleidung im Stil jugendlicher Antiautoritärer.

Nachdem die Polizei das Fanszene-Lokal „Jolly Roger" gestürmt hatte und ein Journalist dabei mehrere Zähne verloren hatte, warb Hasenbein für eine Demo unter der Überschrift „Wir machen das Maul auch ohne Zähne auf" und bat um solidarische Spenden unter dem Stichwort „Jolly Roger" auf ein unter seinem Namen eröffnetes Konto.

Bei Teilen der Mannschaft des FC St. Pauli, die im April 2009 beim SV Wehen Wiesbaden mit 1:3 unterlag, und die Roger Hasenbein mit unflätigen Beschimpfungen beleidigt haben soll, hatte sich der Sozialarbeiter vom Kiez nicht unbedingt beliebt gemacht. „Wir lassen uns nicht durch eigene Vereinsfunktionäre beleidigen", kommentierte der damalige Mannschaftskapitän Mathias Hain diesen bis dahin einmaligen Vorgang im Verein vom Millerntor.

Die Auseinandersetzung endete mit einer Entschuldigung Hasenbeins, die die Mannschaft annahm.

Zu der Abwahl des Vorstandes um Präsident Orth im Jahr 2014 und der sich anschließenden Neuwahl soll Hasenbein seinen Teil beigetragen haben. Gerüchtehalber ging in gewöhnlich gut informierten Kreisen des Vereins die Rede, er habe auch bei der Ablehnung der erneuten Verpflichtung von Deniz Naki im Dezember 2014 durch Oke Göttlich eine beratende Rolle gespielt. Letzteres darf bezweifelt werden, denn dann, wenn die Tage lang werden am Millerntor, wird viel geredet und wohl kaum ein Fanlager im deutschen Fußball ist in den sozialen Netzwerken so aktiv, wie das vom FC St. Pauli.

Fest steht, dass sich Roger Hasenbein mit Haut und Haaren für den Klub vom Millerntor einsetzt.

Im Sommer 2019 nahm Hasenbein zum zwanzigsten Mal an einem Trainingslager des FC St. Pauli teil. Dafür muss er sich immer Urlaub nehmen. Der Streetworker spielt übrigens nach wie vor selbst Fußball und stieg mit der Ü50 des FC St. Pauli in die Verbandsliga auf.

Inzwischen nimmt Fan-Urgestein und Aufsichtsrat Hasenbein bei den Heimspielen regelmäßig seinen Platz auf dem Kunstledersessel im VIP-Bereich der Haupttribüne ein und verfolgt mit stets gleichbleibender Mimik das meist unaufgeregte Spiel seines Herzenvereins im brodelnden Hexenkessel am Millerntor.

„Wer ihn kennt, der kennt St. Pauli." (Stefan Beutel, früherer Manager beim FC St. Pauli)

„Bubu", ein Zeugwart von der Insel Sylt: Claus-Peter Bubke

Claus-Peter Bubke, weit über den FC St. Pauli hinaus bekannter Ex-Zeugwart des Klubs vom Millerntor, wurde in List auf Sylt geboren.

Gekickt hat er selbstverständlich auch, und zwar als Abwehrspieler, zum Beispiel bei „Lorbeer Rothenburgsort", einem Arbeiterverein unmittelbar an der Elbe. Von Beruf war er Rangierleiter bei der AKN-Eisenbahn (Linie Altona-Kaltenkirchen), dann fiel er der Rationalisierung zum Opfer.

Der Mann, der einst den Zeugwart von Schalke 04, also einen Kollegen, geohrfeigt hat, ist eine der ganz großen Legenden vom Millerntor. Der Kontrahent aus dem Pott hatte die noch nassen Trikots der St. Pauli-Spieler ganz einfach, ohne zu fragen, aus dem Trockner genommen und dafür die blau-weißen der Schalker hineingelegt. Dafür gab's was auf die Ohren vom Meister der Katakomben, im Fußball weltweit als „Bubu" bekannt.

„Ich habe alle Höhen und Tiefen des Vereins mitgemacht, so viele Auf- und Abstiege", hat der gebürtige Insulaner dem Journalisten Christian Görtzen von der Zeitung „Die Welt" einst mitgeteilt.

Jahrelang und auch nach einer überstandenen Krebserkrankung mit Chemo- und Strahlentherapie war „Bubu" Herr und Hüter der Kunstrasenplätze und Umkleidekabinen an der Feldstraße, gleich neben dem Millerntor-Stadion. Diese Sportstätten werden von den Amateur- und Jugendmannschaften der Vereine FC St. Pauli und Hansa 11 gemeinsam genutzt. Dort wirkte der langjährige Begleiter zahlreicher Legenden des Kiez-Clubs in einem kleinen Arbeitsraum, in dem die üblichen Gerätschaften für das Fußballspielen gepflegt und bereitgestellt wurden.

„Bubu" hat in den mehr als 25 Jahren beim FC St. Pauli viele große und kleine Gestalten und Gestalter des Fußballs kommen und gehen sehen. Unter den Trainern sei Holger Stanislawski der beste gewesen. Mit ihm sei der FC St. Pauli zwei Mal aufgestiegen, und nebenbei hätte der „Stani" als Bester des Lehrgangs sein Diplom als Fußballtrainer in Köln gemacht, das müsse ihm erst mal einer nachmachen, so Claus-Peter Bubke.

In seinen Urteilen hielt sich „Bubu" auch nach überstandener Krankheit genauso wenig zurück, wie eh und je. Im Gespräch mit Buttje Rosenfeld, der „Bubu" aus allernächster Nähe kennt, weil er vor seiner journalistischen Tätigkeit mehrere Jahre als Profi am Millerntor gespielt hat, nahm das St. Pauli-Urgestein kein Blatt vor den Mund:

Weltenbummler Eckard Krautzun, „der hatte gar nichts im Kopf", stellte „Bubu" kurz und bündig fest. Krautzun habe ihn einst angewiesen, Hütchen in einer bestimmten Weise aufzustellen. Er habe das wunschgemäß ausgeführt, eine halbe Stunde später habe Krautzun ihn gefragt: „Welcher Hornochse hat das gemacht?" Da habe er, „Bubu", geantwortet: „Das warst du Hornochse!"

Auch an Uli Maslo ließ er kein gutes Haar: „Er hat immer behauptet, er weiß alles, dabei wusste und kannte er gar nichts." Maslo, so „Bubu", habe immer die Spieler vom Gegner verwechselt und sogar die eigenen. Wenn Michel Mazingu-Dinzey eine gute Flanke im Spiel schlug, dann habe Maslo anschließend Bernd Hollerbach dafür gelobt. Laut „Bubu" hat auch Michael Lorkowski „gar nichts gebracht. Der hatte nichts drauf", und so etwas wie Horst Wohlers habe er überhaupt noch nicht erlebt, denn „der hat als Trainer im Bus geraucht und Karten gespielt."

Nicht nur einige Trainer hatte Claus-Peter Bubke auf dem Kieker. Auch Publikumsliebling Leonardo Manzi war nicht unbedingt sein Fall. „Der habe nur mit dem Finger schnippen müssen – und sofort alles gekriegt: Fernseher, Videorekorder, Putzfrau – alles."[60] Weil Manzi keinen Führerschein hatte, musste „Bubu" ihn häufiger fahren. Da Manzi aber immer wieder unpünktlich gewesen sei, habe er seinen Fahrgast irgendwann beschieden: „Fahr mit der Bahn, Blödmann, ich habe keine Lust mehr."

Andererseits hatte „Bubu" stets auch ausgesprochene „Lieblinge" in den vielen Kadern seiner FC St. Pauli-Laufbahn. Dazu zählten Daniel Scheinhardt („ein guter, aufrichtiger Bursche"), Jens Duve („ein feiner Kerl, einer meiner Lieblingsspieler"), André Golke („ein toller Typ und echter Arbeiter") und vor allem Nico Patschinski („lustiger Typ, den mag ich, der hat viel dummes Zeug im Kopf, hat mir einen Fisch geklaut und ihn dann einem anderen in den Schuh gelegt.")

Zeugwarte vergangener Jahre beim FC St. Pauli:
Claus-Peter Bubke
Nick Völz
Andreas Kreft
Benjamin Hauptmann
Siegmar Krahl

Busfahrer:
Patrick Brosche

Platzwart:
Dieter Röhsa

2. Bundesliga, Saison 93/94

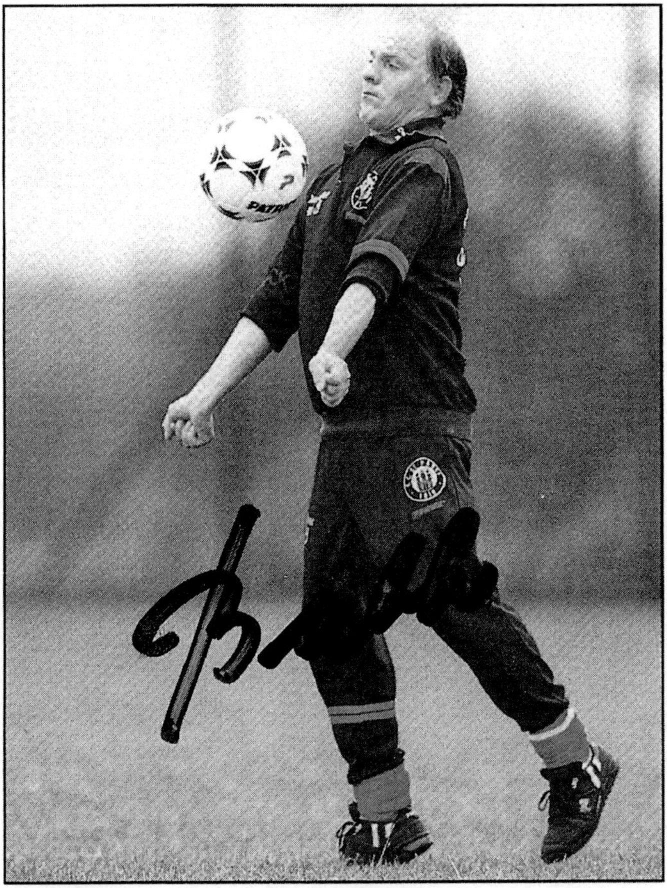

CLAUS BUBKE

Zeugwart

Gelernt ist gelernt: Bubu stoppt den Ball mit der Brust

„Ist alles nur Fußball." (Hermann Klauck nach einer Niederlage)

Der treue Hermann vom Millerntor: Hermann Klauck

Hermann Klauck, viele Jahre als erfolgreicher Automobilkaufmann bei zwei großen Autohäusern Hamburgs in Lohn und Brot, ist neben „Wolli" Roland Wollmann und „Bubu" wahrscheinlich das einzige noch lebende Urgestein des FC St. Pauli. Dabei sieht er wesentlich jünger aus, als er ist. Am 16. Januar 2020 wurde der gute Hermann 85 Jahre alt. Wer das nicht weiß könnte ihn auch für gut 20 Jahre jünger halten. Mehr als 40 Jahre begleitete der weißhaarige Mann, der trotz seines taufrischen Aussehens eine großväterliche Gelassenheit ausstrahlt, seinen Verein.

„Ich bin gerne in der zweiten Reihe", äußerte „Denkmal" Hermann Klauck, der zuletzt als Mannschaftsbetreuer der U23 tätig war und unzählige Talente in Norddeutschland entdeckt und zu seinem Verein geholt hat. Fabian Boll, Mathias Scherz, Deniz Baris, Patrik Borger und Jens Scharping gehören dazu.

So gut wie nie war der langjährige Ligaobmann aus der Reserve zu locken, dabei gibt es kaum etwas, was er mit seinem Verein nicht schon erlebt hat. Als junger Mann ist er einmal bei den (ebenfalls im braunen Trikot spielenden) Amateuren von Komet Blankenese aufgelaufen. Sein Talent hat er an Sohn Thorsten weitergegeben, der ein herausragender Jugendspieler war und als Stürmer über den FC St. Pauli beim HSV landete.

Hermann Klauck aber blieb den Braunweißen vom Millerntor treu und übernahm im Jahr 1982 für 12 Jahre ein Vorstandsamt am Millerntor. Die treue Seele fungierte seither in unterschiedlichen Positionen zum Wohle des Vereins: als Ligaobmann, Talentsucher, Chorleiter des „Alten Stamms", Vizepräsident (1991–1993) und Teammanager, zunächst für die erste, später für die zweite Mannschaft. Gemeinsam mit Heidi Kabel, bis zu ihrem Tode St. Pauli-Sympathisantin, hat er in einem Altersheim ein Theaterstück aufgeführt.

Hermann Klauck, der beim Autohaus Raffay als Automechaniker begann und sich bis zum Chefverkäufer hocharbeitete, hat in all den Jahren fast ausschließlich ehrenamtlich gearbeitet. Durch die Arbeit mit den Spielern, die im Alter seiner Enkel sind, sei er in all den Jahren jung geblieben. Ihm habe der Spaß und die Zusammenarbeit mit den Fußballern immer gutgetan, so Hermann Klauck.

Scherzhaft wird er infolge seiner musikalischen Tätigkeiten seit einigen Jahren auch als „Karajan vom Millerntor" bezeichnet. Beim Abschiedsspiel für Fabian Boll hat sein Chor ein Ständchen geschmettert. Auf die Aussicht, „Aux armes" (= „Zu den Waffen"; ein Fanlied, das von Olympique Marseille übernommen wurde und im Wechselgesang zwischen Südkurve und Gegengerade/Nordtribüne zelebriert wird) im Stadion dirigieren zu dürfen, ist Hermann Klauck nicht unbedingt erpicht: „Ich bin froh, es in meinem Chor nur mit einer begrenzen Zahl von Leuten zu tun zu haben."[61]

Thomas Meggle sagte über den treuen Hermann vom Millerntor, es sei ihm eine Ehre gewesen „unter Hermann zu spielen und als Trainer zu arbeiten."[62] Für ihn sei Hermann Klauck die braunweiße Seele des Vereins.

Auch im privaten Leben ist Hermann Klauck ein Vorbild an Treue: Im Jahr 2019 feierte Hermann Klauck diamantene Hochzeit. Seit mehr als 60 Jahren ist er mit Ehefrau Uschi glücklich verheiratet.

Mädchen für alles: Joachim Philipkowski

Auch „Piepel" hat einiges von der Welt des Fußballs gesehen. Seine Familie wanderte 1971 aus Mragowo in Polen nach Deutschland aus und zog zunächst nach Göttingen. Er war ein begabter Fußballer und spielte in der Jugend bei Barmbek-Uhlenhorst und beim HSV, bevor er im Alter von 16 Jahren zum FC St. Pauli wechselte.

In seinem letzten Zweitligaspiel für den FC St. Pauli hattte „Piepel" so überzeugt, dass er vom 1. FC Nürnberg verpflichtet wurde. Inner-

2. Bundesliga, Saison 93/94

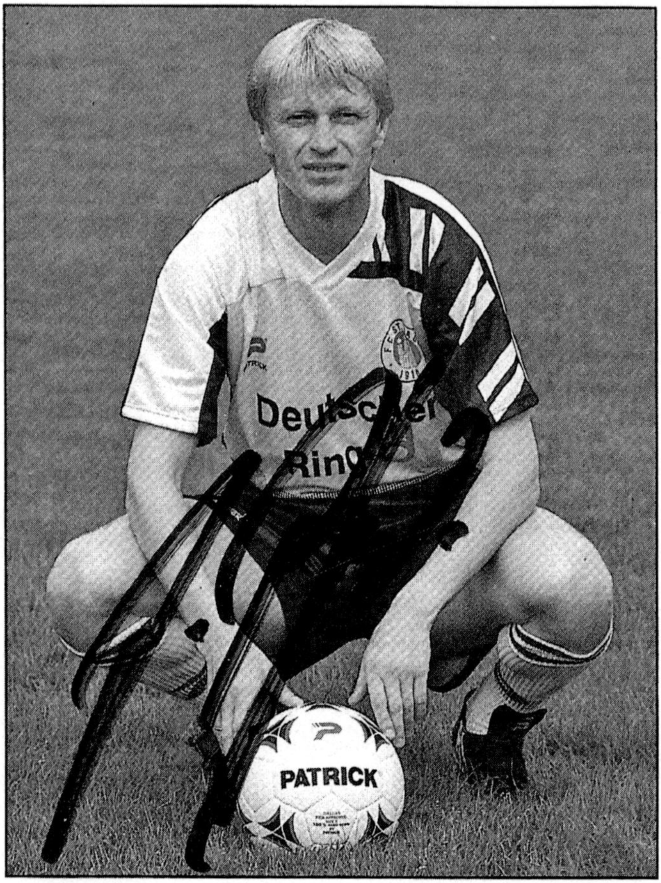

JOACHIM PHILIPKOWSKI

Abwehr

Vielfältig verwendbar: Joachim Philipkowski

halb kurzer Zeit gelang es dem gelernten Maschinenschlosser, einen Stammplatz in der Offensive beim „Club" zu bekommen. Als Flanken- und Passgeber wie auch aufgrund seiner hohen Einsatzbereitschaft entwickelte er sich zu einem der Leistungsträger der Franken. In sieben Jahren machte Philipkowski 154 Bundesligaspiele für den Club.

Nach der sehr erfolgreichen und glücklichen Zeit als Spieler kehrte Philipkowski ans Millerntor zurück und arbeitete dort als Jugendtrainer. Für kurze Zeit wurde er nach der Entlassung von „Didi" Demuth als Cheftrainer berufen, infolge ausbleibender Siege jedoch bald wieder entlassen. Zwischenstationen der Trainerlaufbahn führten ihn zu Werder Bremen und zum HSV. Seit 2005 aber war „Piepel" wieder am Millerntor bzw. der Kollau daheim. Bis er im Jahr 2016 die U23 der St. Paulianer übernahm, leitete Philipkowski das Nachwuchszentrums in der Kollaustraße.

Die Jugendarbeit des FC St. Pauli gilt als vorbildlich. Sowohl die A- als auch die B-Jugend spielen in der Bundesliga. Das ist auch ein Verdienst des erfahrenen Fußball-Lehrers Joachim Philipkowski.

Der Musterknabe: Carsten Rothenbach

Sechs Jahre lang ist Carsten Rothenbach ein treuer Husar am Millerntor gewesen. Spiel für Spiel powerte er auf der rechten Außenposition von hinten nach vorn, schlug seine hohen Flanken und wetzte wieder zurück, um sein Tor gegen die anrennenden Gegner zu verteidigen.

Carsten Rothenbach wurde in Heidelberg geboren, und Fußball gespielt hat er als Junge beim SV Schriesheim und beim FC Dossenheim. Das sind Orte zwischen Rhein und Bergstraße, in denen die Welt noch in Ordnung war und ist. Dann hat er für den Karlsruher SC gekickt, 198-mal, wenn man die Spiele in der U23 mitzählt.

Mit dem FC St. Pauli stieg er aus der Dritten Liga in die Zweite auf. Er zählte zu den Männern, auf die immer Verlass war. Sein Trainer Holger Stanislawski hat einmal von ihm gesagt, dass er ein Vorbild, wenn nicht gar ein Musterknabe sei. Der Carsten, so „Stani", der würde nicht einmal bei Rot über die Ampel fahren.

146-mal hat er dann für den FC St. Pauli gespielt, immer anständig, immer fair, und immer hat er gegeben, was er konnte. Nein, ein Star war er nicht. Keine Legende wird sich um ihn ranken, wenn man in zwanzig Jahren vom Fußball in St. Pauli spricht. Die Fans aber mochten den stillen und bescheiden auftretenden Mann mit der Nummer 24. Nie kassierte er eine Rote Karte, zu jedermann verhielt er sich freundlich. Die ihm gestellten Aufgaben des Trainers erfüllte er zuverlässig wie ein Uhrwerk.

Dass er als Jugendlicher E-Gitarre spielte und Metallica seine Lieblingsband ist, traut man ihm gar nicht zu. Die letzte Station seiner Karriere führte „Calle" zum VfL Bochum. Auch dort fügte er sich nahtlos in die Mannschaft ein. Nach Auslaufen des Vertrages im Jahr 2014 beendete Carsten Rothenbach seine Karriere, auch um sich ganz auf sein an der Universität Hagen begonnenes Studium der Betriebswirtschaftslehre konzentrieren zu können.

Seit 2012 ist Carsten Rothenbach Vater von Sohn Henry, mit dessen Mutter Camilla, einer ausgebildeten Journalistin, die für das Hamburger Abendblatt gearbeitet hat, er seit vielen Jahren zusammenlebt.

Carsten Rothenbach arbeitet inzwischen als Assistent des Sportdirektors beim FC St. Pauli.

„Wenn das Runde nicht ins Eckige geht, dann nützt mir die ganze Politik nichts."[63]

Der Punkrocker: Dirk Jora von der Band Slime

Schon sein Vater hat ihn von Kindesbeinen an mit auf den Platz geschleppt. Da spielten allerdings noch Charly Dörfel und Uwe Seeler am Rothenbaum, und Dirk Jora fand beide richtig gut, echte Typen eben. In den wilden Jahren sei man gegen alles gewesen, damals in Kutten mit Nieten dran, da ist er unter den ganz harten Jungs gewesen. Nie Eintritt gezahlt im Volkspark und nach den Spielen ab zur Demo nach Brokdorf. Aufregend fand er das.

Spätestens als die Kurve nach rechts kippte und die HSV-Supporters das nicht verhindern konnten, ging's dann zum Millerntor. Seit der Saison 1983/84 ist der Sänger von Slime dort Dauergast, und auch bei den meisten Auswärtsspielen ist Dirk Jora mit von der Partie.

Wer Dirk Jora einmal näher kennengelernt hat, der spürt, dass er nun seit mehr als 25 Jahren zu 100 % auf der anderen Seite, auf der vom FC St. Pauli ist.

In einem ausführlichen Interview mit dem Fußball-Magazin „11 Freunde" begründet Dirk seinen Frontwechsel nicht nur mit der „Nazischeiße in der Kurve", sondern auch mit dem „elitären Gehabe von Club und Spielern" am Volkspark. Wie genau er die Szene verfolgt und analysiert hat, verrät eine Anmerkung zu einem ehemaligen HSV-Nationalspieler: „Da hast du sogar einen schwarzen Spieler in der Mannschaft, Jimmy Hartwig, und der macht Werbung für die CDU." [64] Dirk Jora hat ein gutes Gedächtnis.

Den „alten" FC St. Pauli hat er als einen Schnarchsack-Verein in Erinnerung. Er war zwar für eine Politisierung des Vereins, arbeitete in einem Fanzine auch daran mit, aber irgendwann war es ihm dann doch zu viel: Man habe weniger über Fußball diskutiert als über Politik. Jetzt sitzt Dirk Jora in Block H7 auf der neuen Haupttribüne. Das habe den Vorteil, dass man „bei einmal pissen gehen nicht das ganze Spiel verpasst", weil man sich vom Stehplatz aus und zurück durch die Massen zwängen muss. Und wenn man auf der Gegengerade unten am Zaun gestanden habe, dann „guckst du gegen den Zaun. Alles Kacke."

Manchmal träumt Dirk Jora davon, dass sein geliebter FC St. Pauli gegen seinen anderen Lieblingsklub, „die Gurkentruppe von Celtic Glasgow", einmal beide Spiele im Europapokal gewinnt und die Schotten raushaut.

Der Fan-Präsident: Oke Göttlich

Die Bezeichnung „Fan-Präsident“ wird dem seit 2014 amtierenden Oke Göttlich nicht recht schmecken. Der Unternehmer aus dem Musikbusiness sieht sich als oberster Wächter eines Fußballvereins, in dem gleichermaßen grundsätzliche politisch-humane Werte und sportliche Erfolgsorientierung demokratisch umgesetzt werden.

Göttlich und sein Vorstandsteam traten an, um dem traditionellen Fußballgeschäft mit einem Gegenentwurf zu begegnen. Die Stilisierung verdienter Fußballer der Vergangenheit zu „Legenden“ und einen „Heldenkult“ lehnt er ab, allein der Verein und seine Mitglieder stehen für ihn und zahlreiche Gleichgesinnte im Vordergrund. Niemand darf erwarten, dass er aufgrund früher erworbener Meriten Ansprüche auf einen Job oder andere Vorteile im Verein hat, so das Credo des Vermarkters von Neo-Folk, Indie-Pop und anderen neueren Spielarten des Musikvertriebs.

Und so gibt es inzwischen einige verdiente Millerntorhelden, die nicht so gut auf den neuen Vorstand und seinen antiautoritär ambitionierten Präsidenten zu sprechen sind.

Wirtschaftlich gesehen darf man dem in Barmbek geborenen und in St. Peter-Ording aufgewachsenen Diplom-Sportwirt durchaus erfolgreiche Jahre bescheinigen. Die Jahresabschlüsse des FC St. Pauli weisen stattliche Gewinne aus. Das Stadion ist immer ausverkauft. Intrigen und Auseinandersetzungen auf der Vorstandsetage gehören der Vergangenheit an.

Auch das Publikum auf den Rängen am Millerntor hat sich verändert. Neben den klassischen Fans aus eher politisch linksorientierten Zuschauern und trinkstarken Freunden des Gerstensaftes bevölkern mehr und mehr auch Zeitgenossen aus dem gehobeneren bürgerlichen Publikum die VIP-Plätze des einst von „Corny“ Littmann auf den Weg gebrachten Stadions.

Unter Präsident Oke Göttlich ist der FC St. Pauli im real existierenden Kapitalismus angekommen und setzt dessen Prinzipien perfekter um, als so mancher etablierte Verein in der Bundesliga.

Lediglich die in der Ära Göttlich eingegangene Partnerschaft mit der Ausrüsterfirma „Under Armour", die sowohl US-amerikanische Militärbekleidung als auch Jagdbekleidung herstellt, ist manchem der bekennenden Kiezklub-Anhänger des linken Flügels ein Dorn im Auge, ansonsten „all quiet on the Millerntor-front".

Rein fußballerisch gesehen verharrt der Kiezclub allerdings während der bisherigen Präsidentschaft des ehemaligen taz-Journalisten konstant im Mittelmaß. Mehrfach in den letzten Jahren konnte der Abstieg gerade noch verhindert werden, nach oben ist noch viel Luft. Auch in der Saison 2019/2020 kämpfen die Kiezkicker um den Klassenerhalt.

Als die „Boys in brown" jedoch am 22.2.2020 den Aufstiegsaspiranten HSV am Volkspark mit 2:0 besiegten, sollen Oke Göttlich die Tränen in den Augen gestanden haben.

Fehleinkäufe

Der bislang teuerste Fehleinkauf: Ugur Inceman

Ugur Inceman, der vom soeben aufgestiegenen Bundesligisten FC St. Pauli für 1,38 Millionen Euro in der Saison 2001/2002 eingekauft worden war, spielte ganze zwei Sommer am Millerntor. Dann wanderte der teure Fehleinkauf, seinerzeit getätigt von Manager Stephan Beutel, zur SpVgg Greuther Fürth ab. Am Millerntor konnte er seinen Wert nie unter Beweis stellen. Es fing damit an, dass der damals zwanzigjährige Ugur Incemann darunter litt, von seiner türkischen Freundin getrennt zu sein. Die konnte er laut Bericht der „Hamburger Morgenpost“ vom 11.9.2001 schon in seiner Geburts- und Heimatstadt Aachen nur heimlich treffen, weil die Eltern seiner Liebsten sonst auf eine sofortige Heirat bestanden hätten.[65]

„Er ist ein junger Mann, der zum ersten Mal von zu Hause weg ist. Dass da nicht immer gleich alles sportlich und privat rundläuft, ist normal“, kommentierte Stephan Beutel die anfänglichen Probleme.

So richtig „in die Hufe“ kam der technisch versierte Mittelfeldspieler, der auch in der Abwehr eingesetzt werden konnte, beim FC St. Pauli aber nie. Er fühlte sich am Millerntor nicht wohl. Das lag sicher auch an der hohen Erwartungshaltung der Fans, die angesichts der für ihn gezahlten Summe einen Wundermann erwartet hatten. In der Bundesliga spielte Inceman für die Braunweißen zwanzigmal.

Am Fürther Ronhof hielt es das große Talent lediglich ein Jahr aus. Nach dem sich anschließenden Wechsel in die Türkei wurden seine Leistungen konstanter. Vier Jahre kickte er für Vestel Manisaspor, die im Jahr 2005 in die türkische Süper-Lig aufgestiegen waren, um anschließend für zwei Jahre beim Istanbuler Arbeiterklub Besiktas anzutreten. Mit Besiktas Istanbul wurde Ugur Inceman in seiner ersten Saison türkischer Meister und Pokalsieger und anschließend in die türkische Nationalmannschaft berufen.

Als Bernd Schuster das Training bei Besiktas übernahm, wechselte Inceman zunächst zu Antalyaspor und dann zu Torku Konyaspor.

„Bei uns am Millerntor spielen alle Brasilianer, die keinen Fußball spielen können." (Fan des FC St. Pauli)
„Ein ausdauerndes Laufwunder ist er nicht." (Uwe Eplinius)[66]

Ein Spieler vom Zuckerhut: Antonio Marcao

Die brasilianischen Farben waren in den Reihen des FC St. Pauli gewiss nicht unterrepräsentiert im Laufe der Jahrzehnte. Hier spielten Männer wie Leonardo Manzi, Chris und Nascimento.

Nach dem Bundesliga-Aufstieg im Jahr 2001 wurde der Brasilianer Marcao (Marcos Antonio Aparecido Cipriano) vom Mirassol Futebol Clube (Spanien) verpflichtet. Marcao hatte ein Jahr zuvor bei Spartak Moskau gespielt und in der Champions League vier Tore gegen Arsenal und Sporting Lissabon erzielt.

Seinen Vertrag in Russland hatte der Brasilianer wegen angeblich schlechter Trainingsbedingungen und einer schweren Muskelfaserverletzung nicht erfüllt und war zunächst zu Mirassol zurückgekehrt, bevor er für eine unbekannte Summe (Zeitungen berichteten von sich widersprechenden Ablösesummen in Höhe von 600.000 bis 700.000 Euro) einen Vertrag bis 2004 am Millerntor unterschrieb.

Der damalige Manager Stephan Beutel spielte die finanzielle Bedeutung des Transfers herunter („Inceman ist nach wie vor unser teuerster Transfer").

Als Marcao zum ersten Training beim FC St. Pauli antrat, machte sich Skepsis im Trainerstab breit. Es haperte offensichtlich an Kondition für 90 Minuten. Physiotherapeut Uwe Eplinius stellte ernüchternd fest: „Ein ausdauerndes Laufwunder ist er nicht." Marcao entgegnete trocken: „Ich bin kein Leichtathlet, sondern Fußballer."

So richtig warm wurde Marcao am Millerntor nicht. Er sprach zwar fließend Spanisch, Italienisch und natürlich Portugiesisch, doch unterhalten konnte er sich nur mit Eplinius und dem portugiesisch sprechenden Mitarbeiter von Zeugwart Claus Bubke, Jesuino Amado-Sousa, der viele Jahre Dienst beim FC St. Pauli machte und u. a. eine rein portugiesische Jugendmannschaft der Kiezkicker trainierte.

In 24 Spielen erzielte Marcao ganze 2 Tore, bevor er sich nach einem Jahr am Millerntor in Richtung Nordbrasilien zum EC Bahia verabschiedete.

„Meine Tore werden kommen." (Ante Budimir) [67]

„Die Situation macht etwas mit mir. Es ist hart für mich. Ich kann nichts versprechen – aber das Tor kommt. Ich werde ja nicht wegen meiner schönen Augen aufgestellt." (Ante Budimir, nachdem der für eine knappe Million eingekaufte Stürmer in Sandhausen eine glasklare Chance versemmelt und noch immer kein Tor in der 2. Bundesliga für den FC St. Pauli erzielt hatte.) [68]

„Ante wird in der Rückrunde seine Tore schießen. Weil er unheimlich viel für die Mannschaft arbeitet. Und weil er ein klarer und guter Junge ist." (Thomas Meggle als Sportdirektor) [69]

Chancentod am Millerntor: Ante Budimir

Der Mann sollte eine Rakete sein. Wer auch immer ihn holte, ob nun der damalige Trainer Roland Vrabac oder der seinerzeitige FC St. Pauli Sportdirektor Rachid Azzouzi – Ante Budimir eilte der Ruf voraus, der talentierteste Stürmer in ganz Kroatien zu sein.

In drei Jahren in der ersten kroatischen Liga hatte Budimir in 96 Spielen immerhin 36 Tore erzielt. Zuletzt kickte er für Lokomotive Zagreb. Dort schoss er in den ersten drei Saisonspielen fünf Tore, drei davon im Derby gegen Dynamo Zagreb.

Das genügte den Einkäufern vom Millerntor, um ihn zu Beginn der Saison 2014/2015 für 1 Million Euro als zweitteuersten Spieler aller Zeiten in der Vereinsgeschichte zum FC St. Pauli zu holen.

Auch in der Gehaltsliste der Saison 2014/2015 nahm Ante Budimir unter den FC St. Pauli-Spielern einen Spitzenplatz ein. Kritiker der

Verpflichtung Budimirs behaupteten, die Mehrzahl der Mannschaften in der ersten kroatischen Liga sei qualitativ allenfalls mit Drittligisten in Deutschland zu vergleichen. Da die Torausbeute des einstigen kroatischen U21-Nationalspielers bis Mitte Februar 2014 auf 0 stand, neigten viele Fans des FC St. Pauli zu der Einschätzung, die kritischen Stimmen könnten so sehr nicht daneben liegen. Einsatz, guter Wille und Präsenz im Strafraum wurden dem Neueinkauf allerdings von Trainern (Thomas Meggle: „Er rackert wie ein Büffel und gibt immer 100 %“ [70]) und Mitspielern (John Verhoek) immer wieder bestätigt. Momentan spielt er für den spanischen Erstligisten RCD Mallorca, wo er nicht nur Stammspieler ist, sondern auch regelmäßig in der LaLiga trifft.

Bye, bye love.
They never
come back

„Die 2. Liga wird schwer. Jeder kleine Fehler wird brutal bestraft." (Carsten Pröpper im Interview mit der Hamburger Morgenpost nach dem Aufstieg aus der 3. Liga)

Der Sohn von Meister Pröpper: Carsten Pröpper

Carsten Pröpper ist der Sohn des noch berühmteren Günter Pröpper, der einst ein gefürchteter Torjäger beim Wuppertaler SV war und dem man den Spitznamen „Meister Pröpper" in Anlehnung an ein Reinigungsmittel fast identischen Namens verlieh.

Der in Remscheid geborene Sohn Carsten spielte in der Jugend wie sein Vater beim Wuppertaler SV und stieg mit dem FC Remscheid in die 2. Bundesliga auf. Ab 1993 lief er 154-mal am Millerntor auf und schoss 16 Tore. In der Bundesliga kam er für den FC St. Pauli auf 60 Spiele mit acht Toren. Er glänzte durch elegantes, direktes Spiel, agierte im Vorwärtsgang gefährlich und war als laufstarker offensiver Mittelfeldspieler auch im Zweikampf durchsetzungsfähig. Zudem hatte er ein Gefühl für strategisches Vorgehen innerhalb eines Spiels und dirigierte an guten Tagen sein Team auf dem Feld.

Nach seiner Karriere gründete er in Hamburg ein Sportunternehmen und war für kurze Zeit (2007) Präsidiumsmitglied beim FC St. Pauli.

Unvergessen blieb eine Episode während eines Trainingslagers im Winter 1996 im andalusischen Chiclana, die die Boulevardpresse mächtig aufpumpte, obwohl es eher eine Petitesse als ein echter Skandal war. Uli Maslo, der eisenharte Zuchtmeister und Trainer der Männer vom Kiez, hatte – aus welchen Gründen auch immer – an einem der Abende „Frustsaufen" im Hotel erlaubt. Dabei langten einige der Spieler kräftig zu, und weil der Weg vom Tresen zur Toilette ziemlich weit war, erleichterte sich der von den Fans auf St. Pauli stets verehrte Carsten Pröpper an einer Palme in der Nähe der Lobby. Das ist auch schon anderen Zeitgenossen passiert; Bier treibt eben. Gottseidank ist die Presse nicht immer vor Ort. Carsten Pröpper entschuldigte sich bei Präsident Heinz Weisener und beim Hotel.

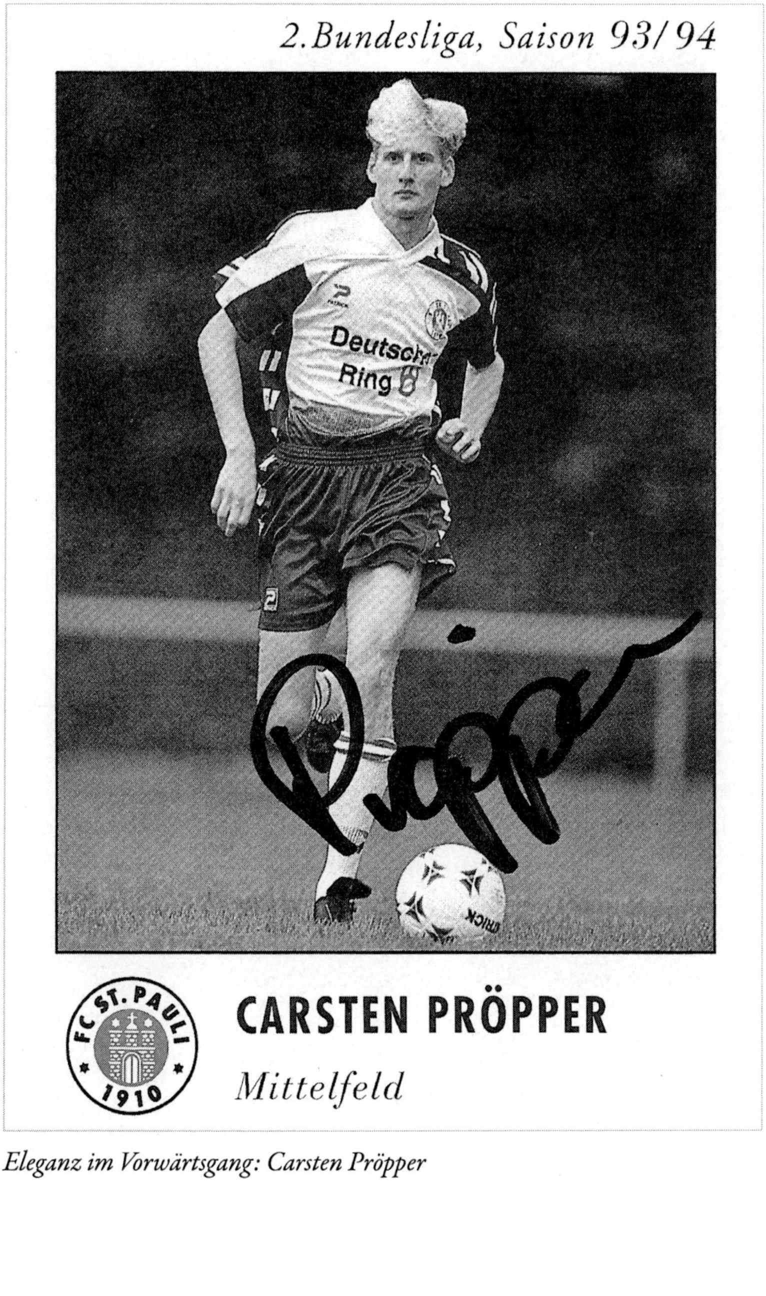

Eleganz im Vorwärtsgang: Carsten Pröpper

Im Jahr 2007 war Pröpper Präsidiumsmitglied des FC St. Pauli. Anschließend arbeitete Carsten Pröpper als Sportdirektor beim Wuppertaler SV und als Geschäftsführer des 1. FC Wülfrath. Der Teilhaber eines Hamburger Sportcenters gilt unter Freunden und Fußballexperten als angenehmer, intelligenter und freundlicher Gesprächspartner, der auch außerhalb des Feldes etwas von Fußball versteht.

„Zu meiner Zeit bei den Junioren waren alle Jugendmannschaften des FC St. Pauli besser als die des HSV."

Einer der Besten: Zlatan Bajramovic

Zlatan hat seine gesamte Jugend auf den Plätzen des FC St. Pauli verbracht. Am 12. August 1979 in Hamburg geboren, spielte der talentierte und vielseitig verwendbare Techniker von 1989 bis 1998 zunächst in den Jugendmannschaften der Braunweißen. Im Alter von 19 Jahren machte er sein erstes Spiel bei den Profis. Seine große Begabung hatte sich nach dem Abstieg des FC St. Pauli aus der Bundesliga herumgesprochen. Und deshalb ging er 2002 zum SC Freiburg, bei dem er, dort offensiv eingesetzt, in 72 Spielen 24 Tore erzielte.

Inzwischen war er auch in die Nationalmannschaft von Bosnien-Herzegowina berufen worden, für die er bis zum Ende seiner Karriere 35 Spiele absolvieren sollte und die er zeitweilig auch als Kapitän anführte. Sein Spitzname in Bosnien war „Bajram".

Sowohl beim SC Freiburg als auch bei Schalke 04 und der Frankfurter Eintracht blieb er jeweils drei Jahre. Insgesamt machte Bajramovic 145 Spiele in der Bundesliga. Vom Main kehrte er ans Millerntor zurück und arbeitete bei der U23 des FC St. Pauli als Co-Trainer.

Warum er plötzlich beim HSV die bessere Perspektive sah und dorthin zu Mirko Slomka als Co-Trainer wechselte, vermag man nüchtern betrachtet vielleicht noch nachzuvollziehen. Denn Slomka und Bajramovic kannten sich aus gemeinsamen Schalker Zeiten. Doch angesichts der 14 Jahre, die er „in Diensten" des FC St. Pauli gestanden hatte, tat dieser Schritt so manchem Fan von Zlatan in der Seele weh.

Als Slomka gehen musste, verlor auch Zlatan Bajramovic seine Co-Trainer Position beim HSV. Sein Vertrag dort lief noch bis 2016. Seit 2017 arbeitet er als Assistenztrainer beim Karlsruher SC.

„Mein ganzes Glück ist es, am Morgen meinen kleinen Sohn lachen zu sehen."[71]

Heimweh nach St. Pauli: Deniz Baris

Deniz Baris wuchs südlich der Elbe in Hamburg auf, nachdem seine Familie aus Kemah, einer kleinen türkischen Stadt am Fluss Euphrat, hier eingewandert war. Beim SV Este 06/70 spielte er in der Jugend und wurde dort von Hermann Klauck, dem FC St. Pauli-Urgestein, entdeckt. Von 1999 bis 2002 war Deniz Baris eine zuverlässige Stütze im defensiven Mittelfeld der Braunweißen.

Im Jahr 2001 machte er mit einem entscheidenden Kopfballtor gegen den 1. FC Nürnberg den Aufstieg des FC St. Pauli in die Bundesliga perfekt. Seine für die spieltechnischen Verhältnisse des Millerntorclubs außerordentlichen Begabungen, seine Übersicht und Abgeklärtheit, sein Selbstbewusstsein, seine Zuverlässigkeit und die überdurchschnittliche Laufbereitschaft scheinen niemandem beim FC St. Pauli sonderlich aufgefallen zu sein. Nachdem der Verein nach einem Jahr Höhenluft in der Bundesliga gleich wieder abgestiegen war, sprach jedenfalls niemand mit Deniz Baris. Dagegen war jedem Fußball-Fachmann in Hamburg und Norddeutschland klar, dass Deniz Baris ein außergewöhnlich talentierter Fußballer war. Sicher hätte man kein Vermögen darauf verwettet, dass der nette Junge, der einst aus Este kam, einmal für Fenerbahçe in der Champions League und in der türkischen Nationalelf spielen würde. Doch um unausgesprochen zu dem Fazit zu gelangen, dieser menschlich und fußballerisch wunderbare Deniz Baris sei für den FC St. Pauli nicht gut genug, musste man mit Blindheit geschlagen sein.

So ging der 25-Jährige in die Türkei zurück und spielte zunächst für Gençlerbirliği Ankara. Mit Gençlerbirliği erreichte er das Pokalfinale 2003 gegen Trabzonspor, das zwar mit 1:3 verloren wurde, den Club aber zur Teilnahme am europäischen Fußballwettbewerb berechtigte. Deniz Baris wurde in allen acht Spielen seines Teams aufgestellt und hatte entscheidenden Anteil am Einzug ins Achtelfinale.

Aufgrund seiner herausragenden Leistungen wurde Deniz Baris in die türkische Nationalmannschaft berufen, für die er 21 Spiele absolvierte. Zugleich wechselte er am Ende der Saison 2003/2004 zum türkischen und europäischen Spitzenklub Fenerbahçe Istanbul, mit dem er 2005 und 2007 Meister wurde.

Deniz Baris engagiert sich auf vielfältige Weise in sozialen Projekten für Kinder und Kranke. Nach dem tragischen Unfalltod seiner Lebensgefährtin und Mutter seiner beiden ersten Kinder Tolga und Josefine im Jahr 2006, ist Deniz Baris später wieder eine Partnerschaft eingegangen und hat geheiratet. Im Jahr 2012 wurde Deniz Baris zum dritten Mal Vater.

Nach Beendigung seiner Karriere bei Antalyaspor (2014) kehrte Deniz Baris nach Hamburg zurück. Hier investierte er im Jahr 2019 zehn Millionen Euro in ein Büro-und Parkhaus am Hamburger Binnenhafen, nachdem er bereits im Jahr 2008 in Hamburg-Harburg ein denkmalgeschütztes Gebäude gekauft und saniert hatte.

„Wo war es am Schönsten?" – „Auf St. Pauli zu spielen war etwas Besonderes." (Henning Bürger im Interview mit der Ostthüringischen Zeitung)[72]

Übersehen: Henning Bürger

Nach Ende der Saison 2002 war der FC St. Pauli wieder einmal aus der Bundesliga abgestiegen. Mit Henning Bürger, der 1999 vom 1. FC Nürnberg gekommen war und seither als eine Stütze der Mannschaft galt, die auch den Aufstieg im Jahr 2001 in das Oberhaus ermöglicht hatte, sprach niemand von den Offiziellen des FC St. Pauli über eine Vertragsverlängerung. Und so ging Henning Bürger zur Frankfurter Eintracht, bei der er als zuverlässiger, laufstarker Zweikämpfer und Aufbauspieler bundesweit auf sich aufmerksam machte.

Der ruhige und immer bescheiden auftretende defensive Mittelfeldspieler hatte schon in seiner Jugend beim FC Carl Zeiss Jena durch hervorragende Leistungen beeindruckt. Er war Mitglied der DDR-Olympiaauswahl gewesen, bevor die beiden deutschen Staaten wiedervereinigt wurden.

Nach dem Zusammenbruch des Sozialismus ging der ballsichere Defensivspieler zunächst zu Schalke 04. Über den 1. FC Saarbrücken und den 1.FC Nürnberg gelangte Bürger zum Verein seiner Wahl, für den er damals gerne weitergespielt hätte, sogar in der Zweiten Liga, wenn denn die Konditionen halbwegs gestimmt hätten. Doch der zuständige sportliche Leiter des FC St. Pauli nahm in dieser Personalie keinen Kontakt auf.

Womöglich war das für Henning Bürger eine glückliche Fügung. Er wanderte weiter in der Erfolgsspur, und auch als Trainer machte er seinen Weg. Zunächst trainierte er die U23 von Eintracht Braunschweig. Im Jahr 2018 endete sein dortiges Engagement. Im September 2019 übernahm Henning Bürger das Traineramt der U19 beim VfL Wolfsburg.

Er ist verheiratet und hat zwei Söhne, Luca und Lein, beide sind Fußballer.

„Wenn ich vorwärtslaufe und die anderen mich im Rückwärtslauf überholen, dann höre ich auf."[73]

Vom Puck zum Ball: Nico Patschinski

Nico Patschinski ist einer, der das Herz schon immer auf dem rechten Fleck hatte. Trotzdem musste er Ende der Saison 2002/2003 den FC St. Pauli verlassen, weil er offensichtlich von Trainer Franz Gerber nicht mehr benötigt wurde. Dabei waren die Jahre bis zu seinem Abgang die beste Zeit seines Fußballerlebens gewesen. Mit den Braunweißen war er in die Bundesliga aufgestiegen, und beim 2:1 gegen den Weltpokalsieger Bayern München hatte er am 6.2.2002 das alles entscheidende Tor zum 2:0 erzielt.

Um den gebürtigen Berliner ranken sich zahlreiche Geschichten, auch solche, in denen es um Glücksspiele geht: Mag sein, dass der Junge aus Berlin, der sein Herz auf der Zunge trägt, nicht alles, was er im Profifußball verdiente, auch zusammengehalten hat. Einiges ist tatsächlich in Kasinos über den Tisch gegangen.

Angefangen hatte es in Ost-Berlin, wo der Spross eines erfolgreichen DDR-Eishockeyspielers sich im Alter von vier Jahren dem SC Dynamo Berlin anschloss und dem Puck hinterherjagte. Seine ungestüme, angstfreie Weise Fußball zu spielen und zu leben, wird er sich damals in den Eisstadien der heutigen Hauptstadt Deutschlands erworben haben.

Als Nico zur Schule kam, wechselte er in das Fußballerlager zum BFC Dynamo und anschließend zur Eisernen Union. Danach begann eine Wanderschaft durch die gesamte Republik, über Babelsberg, Dresden, Fürth, Hamburg, Trier, LR Ahlen, Neunkirchen und Berlin wieder zurück nach Hamburg, wo er im Jahr 2013 noch einmal für den Niendorfer TSV ins Geschehen eingriff.

Im Laufe dieser Jahre „schaffte" es Nico Patschinski, in fünf Jahren mit drei Vereinen viermal abgestiegen zu sein.

Dennoch und nebenbei wäre Nico fast noch polnischer Nationalspieler geworden, weil das im Nürnberger Olympia Verlag erscheinende Fußball-Magazin „Rund“, entdeckt hatte, dass Patschinski polnische Großeltern hatte. Zum Länderspieleinsatz ist es dann doch nicht gekommen.

Zeitweilig arbeitete Nico Patschinski, der einst das Abitur abgelegt hat und viele Jahre mit der Eiskunstläuferin Mariana Kautz zusammen war, als Paketausfahrer für DHL.

Im November 2020 wird „Patsche“ 44 Jahre alt. Er ist inzwischen als Busfahrer bei den Verkehrsbetrieben Hamburg-Holstein angestellt und lebt mit Freundin Saskia und Söhnchen Mats Lenny in Hamburg.

„Patsche“ hat 28-mal in der Bundesliga gespielt und 153-mal in Liga 2. Für zwölf Klubs hat er 20 Jahre lang die Knochen hingehalten.

Dass Nico Patschinski ein Herz für den FC St. Pauli hat, hindert ihn nicht daran, Position zu beziehen, wenn es darauf ankommt. Als einzelne „Fans“ den Wechsel von Jeremy Dudziak vom Kiezklub zum HSV mit einem Plakat „Traurig sieht die Mutter ein, ihr Sohn ist jetzt ein Rautenschwein“ im Stadion quittierten, kommentierte „Patsche“ dies in der Bild-Zeitung: „Das ist nicht der eigentliche St. Pauli Fan wie ich ihn kenne. Jeder Fan kann etwas sagen. Ich hätte einen Spruch mit Witz und Ironie begrüßt, aber nicht mit der Mutter.“ Immerhin, so Patschinski, hätte der Spieler Dudziak vier Jahre für den FC St. Pauli gespielt.

Fußballgott am Main: Alexander Meier

Alexander Meier, zuletzt der „Fußballgott“ bei der Frankfurter Eintracht ist in jungen Jahren im Hamburger Fußball viel herumgekommen, zunächst im Südwesten Hamburgs und dann im Mehrfachwechsel vom HSV zu St. Pauli und wieder zurück. Er wiederlegte den Grundsatz „They never come back“ – zur Freude der Fans am Millerntor.

Sein großes Talent war für den Kenner stets unübersehbar, auch dann, wenn Alex Meier einmal einen schlechten Tag hatte.

Dass er den FC St. Pauli nach dessen Absturz in die 3. Liga (Regionalliga Nord) verließ und zum HSV zurückkehrte, darf daher nicht verwundern und ist auch niemandem unter den damals Verantwortlichen des FC St. Pauli anzukreiden.

Ein größeres Missgeschick liegt eher dort vor, wo man beim HSV in der sich anschließenden Saison seine große Begabung nicht erkannte und ihn nach einer Saison mit nur vier Einsätzen in die hessische Metropole ziehen ließ. Zunächst nur ausgeliehen, wurde er nach dem Wiederaufstieg der Frankfurter von der Eintracht vertraglich fest gebunden.

Bei der Frankfurter Eintracht kam Alex Meier nämlich ganz groß raus. Zuerst kam er langsam, was irrtümlicherweise früher von seinen Kritikern als gelegentliche Meier'sche Gangart interpretiert wurde, und dann kam er gewaltig. In der zweiten Liga erzielte er bei 31 Einsätzen für die Eintracht 17 Tore. 2005 stieg Eintracht Frankfurt wieder in die Bundesliga auf, 2013 qualifizierte man sich für die Europa League.

Alex Meier trug insgesamt 379-mal das Trikot der Eintracht in Ligaspielen und traf sagenhafte 137-mal für seine Farben. In der FAZ beschrieb ihn der Sportredakteur Peter Heß 2014 als einen Mann mit viel Realitätssinn, weil „Alex" sich hinsichtlich einer Karriere für die Nationalmannschaft als schon zu alt bezeichnet hatte. „Er weiß genau, dass er einen guten rechten Fuß hat, vor allem mit der Innenseite in der Lage ist, den Ball zentimetergenau zu platzieren. Er weiß, dass er ein recht gutes Kopfballspiel besitzt, dass er das Spiel verstanden hat, jederzeit den Überblick behält und sich auf seinen Torriecher verlassen kann."[74]

In der Winterpause der Saison 2018/2019 kehrte der nunmehr sechsunddreißigjährige Alex Meier nach vierzehn Jahren bei der Frankfurter Eintracht zurück ans Millerntor, weil Stürmerstar Henk Veerman verletzungsbedingt als Goalgetter ausgefallen war. In sechzehn Spielen der Rückrunde wirkte er – wie in den alten Zeiten – mit und erzielte sechs Tore. Bei seinen Einsätzen wurde er enthusiastisch von den Millerntor-Fans gefeiert.

Anschließend wechselte er zum Abschluss seiner Karriere zu den Western Sydney Wanderers auf den 5. Kontinent. Nach 12 Ligaspielen beendete Alex Meier das Gastspiel in Australien, flog nach Deutschland zurück und gab das Ende seiner aktiven Karriere bekannt.

Nicht zu halten: Max Kruse

Manch einem der seinerzeit Verantwortlichen muss vor allem das Bild des mit Häschen-Ohren hinter dem Tresen stehenden Max Kruse in Erinnerung geblieben sein. Anders ist es kaum zu erklären, warum die Manager des Vereins den fußballerisch so begabten Max Kruse ohne Wenn und Aber von dannen ziehen ließen. Nein, Max, der rasch nach seinem Wechsel vom FC St. Pauli zum SC Freiburg Nationalspieler wurde, war nie ein Kind von Traurigkeit. Als das Team einmal nach einer Feier versehentlich noch zu einem Absacker in eine Schwulenbar geriet, ließ Max Kruse sich nicht lumpen, machte den Oberkörper frei, setzte sich Hasenohren auf und bediente als braunweißes Duo gemeinsam „oben ohne" mit seinem Kollegen Davidson Drobo-Ampem, sehr zur Freude seiner Mitspieler und noch mehr zur Freude der anwesenden Gäste.

Der in Reinbek bei Hamburg geborene Max Kruse schlief als Junge in HSV-Bettwäsche, machte seine ersten Schritte als norddeutsche Fußballhoffnung im Erwachsenenalter aber in der U23 von Werder Bremen, um schließlich am Millerntor zu landen und dort bundesweit durch Schnelligkeit, Eleganz am Ball und Kreativität in der Spielgestaltungauf sich aufmerksam zu machen.

Unter den besten Spielern aller Zeiten am Millerntor dürfte Max Kruse zu den Juwelen zu zählen sein. Viele fühlten sich berufen, Max war auserwählt.

Zur Saison 2012/2013 verließ Max Kruse den FC St. Pauli für eine Ablösesumme in Höhe von 750.000 Euro in Richtung Freiburg und avancierte zum Nationalspieler. Seine internationale Klasse stellte Max Kruse in 14 Spielen für die DFB-Elf unter Beweis; mit seinen überragenden Offensivqualitäten brillierte er nicht nur beim FC St. Pauli und in Freiburg, sondern auch bei Borussia Mönchengladbach, dem VfL Wolfsburg und – erneut – bei Werder Bremen.

Im Sommer 2019 wechselte Kruse in die Türkei zu Fenerbahçe Istanbul.

Der Mann aus Eisen: Carlos Zambrano

Carlos Augusto Zambrano Ochandarte: Das ist der vollständige Name eines der besten und härtesten Defensivspieler im deutschen Fußball in den 2010er-Jahren. Und wahrscheinlich gilt diese Einstufung auch über den deutschen Fußball hinaus.

Der damalige Schalker Jugendkoordinator Helmut Schulte hatte ihn auf der im Jahr 2005 in Peru stattfindenden U17-Weltmeisterschaft entdeckt. Ein Jahr später holten ihn die Schalker nach Gelsenkirchen, dort spielte er zunächst in der A-Jugend und machte insgesamt 16 Spiele bei den Profis.

Zur Saison 2010 wurde er vom FC St. Pauli ausgeliehen und machte von Anfang an durch überragende Leistungen in der Innenverteidigung auf sich aufmerksam. Er überzeugte durch unüberwindbares Abwehrverhalten, Ballsicherheit und unverwüstliche Härte. Einziger Kritikpunkt, der sich auch auf die folgenden Spielzeiten bei der Frankfurter Eintracht beziehen lässt, ist, dass sein Einsteigen das in Mittel- und Westeuropa zulässige Maß gelegentlich überstieg.

In der Bundesligaserie 2010/2011 holte der FC St. Pauli mit Carlos Zambrano 25 Punkte, und in der Zeit, in der er wegen einer Sehnenverletzung pausieren musste, nur noch vier.

Nach dem Abstieg des FC St. Pauli in die zweite Liga lag auf der Hand, dass dieser Klassemann auf Dauer nicht zu halten war.

Zur Saison 2012/2013 wechselte der 52-malige peruanische Nationalspieler zu Eintracht Frankfurt. Für den FC St. Pauli war einer der besten Innenverteidiger in seiner gesamten Vereinsgeschichte für immer verloren. Seine brillanten Auftritte als Abwehrspieler setzten sich fort. Und dass er einmal in einer Nacht auf einer gemeinsamen Sause mit dem Kollegen Charles Takyi im Hamburger Nachtleben versackt war, schadete seinen Leistungen nicht. Auch dann nicht, als er Anfang 2015 mit Lucas Piazon und einem weiteren Eintracht-Akteur in Schlagzeilen geriet, die nichts mit seinem Fußballspiel zu tun hatten.

In 105 Bundesligaspielen kam Carlos Zambrano auf 40 Gelbe Karten. Damit spielt er in einer Liga mit Walter Frosch.

2020 wechselte Zambrano zu den berühmten Boca Junios nach Buenos Aires und glänzt weiterhin in der peruanischen Nationalmannschaft.

„Wenn man im Kopf verklemmt ist, läuft es nicht. Vieles ist Kopfsache. Wenn man ein gutes Gefühl hat, geht vieles, dann kommt man in die Zweikämpfe, dann wächst das Selbstvertrauen, dann geht vieles von allein, dann klappen viele Dinge, die vorher sicher in die Hose gegangen wären.“[75]

Ab nach Frankfurt: Bastian Oczipka

Als kleiner Junge durchlief der talentierte Fußballer, dessen Großeltern aus dem früheren Oberschlesien in Polen stammen, die Knabenmannschaften von SV Blau-Weiß Hand und der SSG Bergisch-Gladbach, doch bereits im Alter von 10 Jahren trat er in den Farben von Bayer 04 Leverkusen an.

Er spielte in einer Mannschaft mit Deniz Naki und gewann im Jahr 2007 die Deutsche Meisterschaft in der U19 Bundesliga. Ein Jahr später gewann Bastian Oczipka mit seiner Mannschaft den DFB-Junioren-Vereinspokal mit einem glatten 3:0 gegen Borussia Mönchengladbach. Auch im Finale der U19-Europameisterschaft war er ebenso wie Deniz Naki Mitglied der Finalmannschaft, die Europameister wurde.

Nach einer Ausleihe an Hansa Rostock ging der schnelle und kompromisslose, am Ball sichere Oczipka zum FC St. Pauli, mit dem er in die Bundesliga aufstieg. Hier gehörte er zu den besten Spielern im gesamten Kader und bestritt zwanzig Einsätze für die Braunweißen, bis er im Februar 2011 wegen eines Knöchelbruchs für die restliche Spielzeit ausfiel. Seine schwere Verletzung, wie auch die von Carlos Zambrano, trug zum Niedergang der spielerischen Qualität, zu einer Schwächung der Abwehr des FC St. Pauli und damit zum Abstieg bei.

Es war naheligend, dass er aufgrund seiner fußballerischen Klasse am Millerntor in der 2. Bundesliga nicht zu halten war. Nach überstandener Verletzung wechselte er nach einer Überbrückungssaison bei Bayer im Jahr 2012 zu Eintracht Frankfurt und agierte dort auf einem Stammplatz in der linken Außenverteidigung, bevor er 2017 zu Schalke 04 ging.

Ästhet am Ball: Charles Takyi

Unter den Technikern der letzten Jahre in den Reihen des FC St. Pauli nimmt „Sir Charles“ einen Spitzenplatz ein. Er gehörte zu den Spielern, die entscheidend zum Aufstieg der Braunweißen aus der Regionalliga in die 2. Bundesliga beitrugen. Sein elegantes Spiel, seine Übersicht und die den Raum öffnenden Pässe verliehen manchem Match in jenen Jahren einen Glanz, der die zumeist kämpferischen Akzente in der 3. und 2. Liga überstrahlte.

Charles Takyi, in Ghana geboren, spielte bis zu seinem 16. Lebensjahr im Berliner Westen, bei Tennis Borussia, einem Club, der in den 70er-Jahren einmal in der Bundesliga gespielt hatte und dessen prominentester Präsident Showmaster Hänschen Rosenthal war.

Von dort ging es zunächst zu Schalke 04 und weiter zum HSV. Bei Schalke 04 hatte sich Charles Takyi im Training den linken Ringfinger abgerissen.

Auch dem DFB blieb die außerordentliche Begabung Takyis nicht verborgen: Er wurde nacheinander in die U16, die U17 und die U18 berufen. Als Erwachsener wurde Charles Takyi Nationalspieler für Ghana.

Helmut Schulte hatte ihn, wie viele andere der herausragenden Akteure im ersten Jahrzehnt des 21. Jahrhunderts beim FC St. Pauli, ans Millerntor geholt. Dort spielte er zwei Jahre, bevor er für ein Jahr an den Fürther Ronhof zur SpVgg. Greuther Fürth wechselte. Anschließend kehrte er ans Millerntor zurück und stieg mit dem FC St. Pauli in die Bundesliga auf. Die braunweißen Farben trug der elegante Mittelfeldspieler in fünf Jahren seiner Zugehörigkeit zum Verein 122-mal und erzielte dabei 25 Tore.

In der Bundesligasaison 2011/2012 verstand er sich besonders gut mit Gerald Asamoah und Deniz Naki, beide ebenfalls außergewöhnlich gute Fußballer und technisch beschlagene Spieler. Gerald Asamoah war für Charles Takyi schon während seiner Schalker Zeit ein Vorbild gewesen. Takyi bezeichnete Gerald Asamoah als seinen „großen Bruder".

Nachdem der Vertrag beim FC St. Pauli nicht verlängert wurde, ging „Sir Charles" zunächst zu einem dänischen Erstligisten und danach zu Energie Cottbus. In 2015 unterschrieb der Spieler, der dem FC St. Pauli auch in seinem 31. Lebensjahr womöglich noch „gut zu Gesicht gestanden hätte", beim Berliner Traditionsverein Viktoria 89. Von 2016 bis 2018 stand „Sir Charles" in den Diensten des KFC Uerdingen.

Charles Takyi ist mit dem früheren Model Sophye Gassmann zusammen. Das Paar hat eine Tochter.

„Bei St. Pauli gab es zu Anfang noch keinen VIP-Bereich. Es war schön, sich im Keller umzuziehen, nur auf einer ganz alten Bank. Wir hatten nur eine Dusche, glaube ich. Oder wir zogen uns im Schwimmbad daneben um. Die Leute kamen von der Reeperbahn direkt ins Stadion. Jetzt ist auch dort alles ein bisschen kommerzieller." (Filip Trojan im Interview mit Klaus Hanisch)[76]

Besser geht's nicht: Filip Trojan

Schon in seinen jungen Jahren galt Filip Trojan als eines der größten Talente in seinem Heimatland Tschechien. Er wurde im Alter von 12 Jahren zu einem Probetraining in die Landeshauptstadt geholt und spielte dann bis zum 16. Lebensjahr bei Slavia Prag. Von der U15 bis zur U21 durchlief er sämtliche Jugend-Nationalteams der Tschechen.

Talentsucher von Schalke 04 wurden auf den hervorragenden Techniker aufmerksam und holten ihn als Sechzehnjährigen in das Gelsenkirchener Fußballinternat, wo der begabte und vielseitig interessierte junge Mann das Abitur ablegte. Unter dem frühen Weggang aus seiner Heimat hat Filip Trojan zunächst sehr gelitten. Er hatte Heimweh. Es gab kein Internet und das Telefonieren mit dem Handy war noch teuer. Filip Trojan sagt, dass es die schlimmsten Jahre seines Lebens waren. Doch er hat durchgehalten.

Nach fünf Jahren als Jugendspieler und Profi für die Knappen wechselte Trojan zum VfL Bochum. Von dort ging es weiter ans Millerntor.

Hier zeigte der Mittelfeldspieler überragende Leistungen und erzielte in 46 Spielen 10 Tore. Seine rasanten Flügelläufe und das Spiel öffnenden Sprints mit eleganter Ballführung blieben allen in Erinnerung, die ihn seinerzeit für den FC St. Pauli spielen sahen. Der FC St. Pauli hätte den auslaufenden Vertrag gerne verlängert, doch der Offensivspieler zog es vor, zum Bundesligaaufsteiger Mainz 05 an den Bruchweg zu gehen. Dort konnte er sich jedoch nicht durchsetzen. Die Mainzer verliehen ihn an den MSV Duisburg. Anschließend spielte Filip Trojan drei Jahre bei Dynamo Dresden, bevor er imt Sommer 2014 arbeitslos wurde.

Zum Abschiedsspiel für Fabian Boll war Filip Trojan selbstverständlich auch eingeladen. Wie die ebenfalls anwesenden Kollegen Morike Sako und Charles Takyi hatte er zu diesem Zeitpunkt keinen Vertrag. Filip Trojan sagte, er habe den Eindruck, mit 31 Jahren für die meisten Sportdirektoren und Manager schon zu alt zu sein, obgleich er sich selbst fit fühle.

Angebote gab es schon, aber keine, die passten. So trat Filip Trojan, einst gefeierter Held am Millerntor, zunächst einmal den Weg zum Arbeitsamt an. Filip Trojan bezog Arbeitslosengeld. Ein anderer Spieler aus den vergangenen „goldenen" Jahren scheute sich, zum Arbeitsamt zu gehen: „Das habe ich nicht nötig."

Filip Trojan nutzte die unfreiwillig freie Zeit und kümmerte sich um seine beiden Kinder. Er ist ein Familienmensch. Seit Sommer 2016 ist Trojan Jugendtrainer bei Dynamo Dresden.

„Natürlich wird es jetzt einige Sprüche geben. Das ist normal und gehört dazu. Ich komme damit klar." (Fabio Morena nach seinem Wechsel vom SV Sandhausen zum HSV)

Der Kapitän: Fabio Morena

Was manchem in Erinnerung von diesem fabelhaften Spieler blieb, ist, dass er einst in einem Auswärtsspiel bei Fürth eine der schnellsten roten Karten im deutschen Profifußball kassierte. Nach neunzig Sekunden hatte er den Fürther Stürmer Stefan Reisinger mit einer Notbremse gestoppt.

Ansonsten stellte Fabio Morena in den Reihen des Kiezclubs immer eine verlässliche Größe dar. Unübersehbar auf dem Platz war seine strategische Begabung für Raum und Aufbauspiel und seine elegante Art, mit dem Ball umzugehen. Obwohl er doch in der Abwehr spielte, gehörte er zu den besten Technikern des letzten Jahrzehnts am Millerntor.

Der gebürtige Schwabe mit italienischen Vorfahren kam vom TSV Musberg zu den Stuttgarter Kickers und dann zum noch berühmteren VfB. Über den FC Alicante in Spanien wechselte er zum FC St. Pauli.

In neun Jahren machte Fabio Morena („Capitano" genannt) 232 Spiele für den Kiezclub. Er gehörte zu den Spielern, die den Aufstieg von der Dritten Liga bis in die Bundesliga schafften. In dieser Zeit war er nicht nur Führungsspieler, sondern auch Kapitän der Braunweißen. Im Sommer 2012 wurde er vom FC St. Pauli nicht mehr gebraucht. Deshalb wechselte er zum SV Sandhausen. Im Sommer 2013 ging es dann zurück an die Elbe – doch nicht zum FC St. Pauli, sondern zu dessen Kontrahenten, dem HSV.

Da wachten einige Kritikaster wieder auf und rügten den verdienten Ex-Spieler des FC St. Pauli – als ob der nicht mit dem Ball sein Geld verdienen müsste, und vielleicht auch deshalb, weil sie übersahen oder vergessen hatten, dass ihm der Club, der ihm seinerzeit am nächsten war, trotz allen Einsatzes für den FC St. Pauli, keine Perspektive geboten hatte.

Bei der U23 des HSV zeigte Morena die alten Tugenden und wurde eine Stütze in der Abwehr. Er zeigte Dankbarkeit für die Chance, die man ihm beim HSV gegeben hatte. Gleich im ersten Spiel beim VfR Neumünster gehörte der Mann, der einmal „Capitano" beim FC St. Pauli gewesen war, zu den Besten auf dem Spielfeld.

Bei dem seinerzeitigen Wechsel Morenas von Sandhausen zum HSV (II) hatten berufliche Überlegungen auch eine Rolle gespielt. Er wollte zukünftig eine Trainer- oder Managerrolle im Fußball-Business übernehmen, was ihm auch gelang, denn seit 2016 arbeitet Morena als Teammanager bei Hannover 96.

„Ich komme ja aus der Punk-Rock-Schiene, höre seit über 20 Jahren Bands wie Lagwagon. Nun verkaufe ich Lederjacken und Shirts mit rockigen Elementen plus Gemütlichkeit."[77]

Niemals geht man so ganz: Marius Ebbers

Die Liste der Vereine des Marius Ebbers ist lang, und fast überall, wo er spielte, wurde er Publikumsliebling. Das gilt auch für seine 5 Jahre beim FC St. Pauli. Es soll weibliche Fans gegeben haben, die Woche für Woche aus dem Rheinland zu seinen Spielen gefahren sind, ob sie nun am Millerntor oder in Ingolstadt stattfanden.

Dabei ist „Ebbe" seit 2006 mit Ehefrau Sonja glücklich verheiratet. Er kennt sie schon aus Sandkastenzeiten. Ein Paar wurden sie erst in der Schulzeit. Früher hat „Ebbe" in der Punkrock-Band Hunchback gespielt, und den Führerschein musste er auch schon mal abgeben, weil er gemeinsam mit dem früheren Kollegen Jan Schlaudraff dessen Porsche zerlegte und 0,5 Promille Alkohol im Blut hatte.

Als erwachsener Spieler war er nirgendwo länger zuhause als beim FC St. Pauli. Dort wurde er vergleichsweise gut bezahlt und gehörte zu den Spitzenreitern in der Gehaltstabelle des Kiezclubs.

Doch das Geld war es nicht, was den hoch aufgeschossenen 1,92 m Mann so lange in der Stadt an der Elbe hielt. Er stieg mit der Mannschaft vom Millerntor schließlich auf. 138 Liga-Spiele absolvierte er für den FC St. Pauli, und dabei erzielte er 46 Tore. Somit dürfte ihm angesichts der hohen Fluktuation und niedrigen Verweildauer vieler Stürmer am Millerntor in der ewigen Bestenliste der Goalgetter des FC St. Pauli ein Ehrenplatz sicher sein. Am 15. März 2013 erzielte er unter Berücksichtigung aller Tore, die er für Zweitligisten in Deutschland geschossen hat, sein 100. Tor.

Unnachahmlich war sein dynamischer Stil, mit dem er sich stets unter hartem Körpereinsatz im Strafraum des Gegners durchzusetzen pflegte. „Ebbe" war kopfballstark und immer enorm torgefährlich – aus der Distanz und im Strafraum.

Im Jahr 2012 wurde er vom DFB mit der Medaille „Fair ist mehr“ ausgezeichnet. Nachdem Schiedsrichter Welz im Spiel des FC St. Pauli gegen die „Eiserne Union“ bereits ein durch Ebbers erzieltes Tor gegeben hat, annullierte er es wieder, weil Marius Ebbers zugegeben hatte, den Ball mit der Hand berührt zu haben.

Als sein Vertrag nach der Saison 2012/2013 nicht verlängert wurde, und es auch keine anderweitige Fortsetzung seines Engagements für den gebürtigen Essener am Millerntor gab, waren nicht nur seine ganz persönlichen Freunde und Fans traurig. Über den VfL 93 Hamburg ging er schließlich zu den Fort Lauterdale Strikers nach Florida, wo einst Gerd Müller seine Karriere beendet hatte.

In Hamburg eröffnete er im Schanzenviertel im Jahr 2012 ein Bekleidungsgeschäft mit dem Namen „Ebb & Flow“. Seit 2019 trainiert Marius Ebbers den SC Victoria Hamburg.

„Ewald Lienen passt perfekt zum FC St. Pauli.“[78]

Neue Heimat Köln am Rhein: Matthias Scherz

Auch Matthias Scherz war einmal einer vom FC St. Pauli. Dass der Junge aus Rotenburg/Wümme, der über Rot-Weiß Scheeßel zum FC St. Pauli kam, nach fünf Jahren am Millerntor beim 1. FC Köln landete, wäre wahrscheinlich vermeidbar gewesen.

Für den 1. FC Köln war das ein gutes Geschäft. Zehn Jahre war Matthias Scherz eine zuverlässige Größe in Müngersdorf, und, der Wahrheit die Ehre, dort hatte er auch seine beste Zeit. Im Anschluss an die Profikarriere arbeitete er noch zwei weitere Jahre im Nachwuchsbereich für die „Geißböcke“, aufgrund arbeitsrechtlicher Probleme verließ er dann aber den Verein unter Zahlung einer Abfindung. Es folgte noch ein Vertrag für eine Saison bei SC Fortuna Köln, für den Scherz jedoch nur zwei Spiele absolvierte.

Zeitweilig schrieb Scherz gemeinsam mit dem ehemaligen Nationalspieler des 1. FC Köln, Herbert Neumann, eine Kolumne für den Kölner Stadtanzeiger, die allerdings inzwischen eingestellt wurde. Außerdem ließ sich Matthias Scherz zum Trainer ausbilden.

Über die Tätigkeit im Fußball hinaus gründete er unter seinem Namen den Matthias-Scherz e.V., in dem gemeinsam mit Firmen und privaten Sponsoren Bewegungsmöglichkeiten („Trimm Dich-Geräte") und die Versorgung mit gesundem Essen in Kindergärten und Schulen gefördert und finanziert werden.

Für den FC St. Pauli ist Matthias Scherz 86-mal in der ersten Mannschaft angetreten (36 Spiele in der zweiten Mannschaft) und hat 12 Tore (9 in der zweiten Mannschaft) erzielt.

Er glänzte am Millerntor durch dynamische Läufe mit sicherer Ballführung, durch Schnelligkeit, riss Löcher in die gegnerische Deckung. Matthias Scherz war ein überdurchschnittlich guter Offensivspieler.

Heute ist er als Vertriebsmitarbeiter für eine Elektrogeräte-Handelsfirma tätig.

„Mir wird ohne St. Pauli was fehlen."[79]

Junge, komm bald wieder: Florian Bruns

Florian Bruns gehörte zu den wunderbarsten Menschen, die man beim FC St. Pauli treffen konnte, und das will schon etwas heißen, weil es dort eine ganze Menge freundlicher Zeitgenossen unter den zahlreichen Spielern gab und gibt. Als er einmal nach einer Autogrammkarte gefragt wurde, die jemand zur Hochzeit verschenken wollte, holte er ein Trikot mit seinem Namen und seiner Nummer aus dem Auto und signierte es. Ungläubig nahm der Autogrammjäger zur Kenntnis, dass Florian Bruns das Trikot zum Hochzeitsgeschenk machte.

Florian Bruns kommt aus dem Oldenburger Land. Er ist ein ruhiger und bescheidener Mann, der um sich selbst kein großes Aufheben macht. Als erwachsener Spieler hat er zunächst in seinem Geburtsort

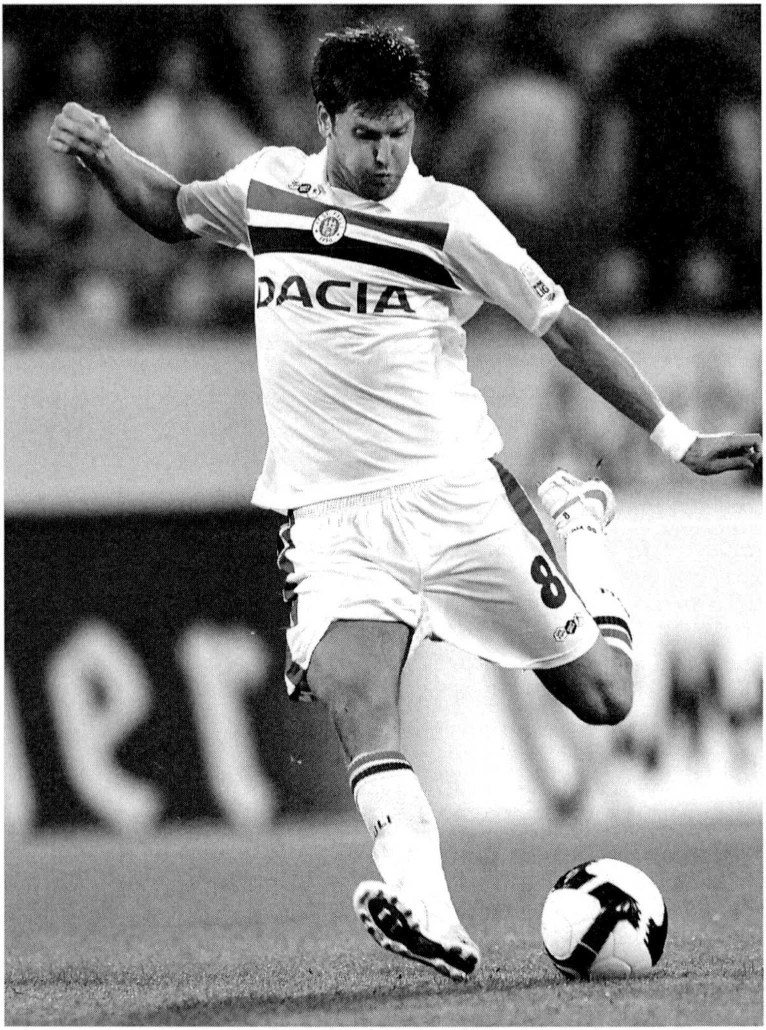

Florian Bruns, der gute Mensch aus Oldenburg. Hier im Spiel Alemannia Aachen gegen FC St. Pauli am 17.8.2009

Oldenburg beim traditionsreichen VfB gespielt, und dann in der Bundesliga beim SC Freiburg. Über Union Berlin und Alemannia Aachen fand der zuverlässige Aufbauspieler und exzellente Freistoßschütze seine zweite Heimat am Millerntor.

Hier lief er 171-mal in Pflichtspielen auf, erzielte dabei 24 Tore und schaffte mit dem FC St. Pauli den Aufstieg in die Bundesliga. In seinen letzten Jahren galt Florian Bruns als sicherster Elfmeterschütze des FC St. Pauli. Da man seinen Vertrag nach der Saison 2012/2013 nicht mehr verlängerte, ging er zu Werder Bremen und spielt dort in der zweiten Mannschaft, in der er eine Führungsfunktion innehatte und über die Tätigkeit als Spieler hinaus sportlich-organisatorische Aufgaben übernahm.

Zur Situation beim FC St. Pauli äußerte sich Florian Bruns damals relativ deutlich: Das übereifrige Aussortieren älterer Spieler gehe ihm zu rasant. In schwierigeren Phasen seien Talente überfordert. Bei St. Pauli sei das sehr schnell gegangen. 5 oder 6 gestandene Spieler seien gegangen, sechs junge Spieler wurden geholt. Vielleicht hätte man sich mehr Zeit lassen sollen.

Neben seinem Engagement für Werder studierte Florian Bruns Betriebswirtschaftslehre an der Carl-von-Ossietzky-Universität in Oldenburg. Inzwischen arbeitet er als Co-Trainer von Christian Streich beim SC Freiburg.

Die Zaubermaus aus Kiel: Fin Bartels

Als Fin Bartels vom Rostocker Ostseestadion ans Millerntor wechselte, wurde er von den orthodoxen St. Paulianern natürlich kritisch gesehen: Ein Fußballer, der von Hansa Rostock kommt, kann keinen guten Charakter haben.

Als er das Millerntor in Richtung Weserstadion verließ, mutmaßten nicht nur Fußballtrainer im Norden Deutschlands, dass damit der stärkste Spieler im Kader des FC St. Pauli seinen Verein verlassen hätte.

Am Millerntor hatte Fin Bartels vier Jahre lang Höchstleistungen gezeigt. Seine Dribblings, seine Ballführung, seine schnellen Sprints mit der Kugel waren allererste Sahne.

117 Spiele machte er für die Braunweißen und 22 Tore dazu. Der schmächtig wirkende Klassefußballer aus der schleswig-holsteinischen Landeshauptstadt Kiel mit der Rückennummer 22 zwang dem Spiel der Kiezmannschaft an guten Tagen den Stempel auf. Und Fin Bartels hatte meistens gute Tage.

Es waren dieselben Leute, die ihn schon zum Zeitpunkt seines Wechsels ans Millerntor kleinreden wollten, und die ihm dann im Sommer 2014 prophezeiten, er werde sich bei Werder Bremen nicht durchsetzen können. Einmal mehr weit gefehlt: Zu Beginn des neuen Jahres war Werder wieder wer, und entscheidend daran beteiligt war der wieselflinke und fintenreiche Fin Bartels.

Ihm war vor seinem Wechsel an die Weser ein guter Vertrag vom FC St. Pauli vorgelegt worden. Doch Fin Bartels, zum Zeitpunkt des auslaufenden Vertrags einer der besten Offensivspieler der 2. Liga, hatte hinreichend Erfahrung, um zu sehen, was auf den FC St. Pauli angesichts der Zusammenstellung des Kaders zukommen würde.

Und da lag auf der Hand, dass der Dreijahresvertrag aus Bremen die bessere Perspektive bot. In Bremen avancierte Bartels zum Stammspieler, wurde aber immer wieder durch Verletzungen gestoppt.

Der Norweger: Mats Möller Daehli

Dass dieser Mann aus Oslo auf Dauer nicht zu halten war, lag nicht erst Ende des Jahres 2019 auf der Hand. Der in den Jugendmannschaften von Lyn Oslo und Manchester United ausgebildete Mittelfeldspieler hatte bereits bei dem englischen Erstligisten Cardiff und dem SC Freiburg sein Können unter Beweis gestellt, bevor er zu einem der Spielgestalter am Millerntor wurde.

In seinem Heimatland Norwegen durchlief er sämtliche Auswahlmannschaften von der U15 bis zur U23 und trat bisher 23-mal für die norwegische Nationalelf an. Ihn zeichnet ein gutes Auge aus, Möller Daehli ist ein Gestalter, der in der Spieleröffnung Akzente setzen kann, kluge, passgenaue Pässe spielt und in eleganter Ballführung das Offensivspiel in immer neuen Varianten prägt.

Der FC St. Pauli lieh den jungen Regisseur zunächst nur für eineinhalb Jahre vom SC Freiburg aus und übernahm ihn dann mit einem Vertrag, der bis Mitte 2021 lief. Am Millerntor harmonierte Möller Daehli prächtig mit Christopher Buchtmann, mit dem er während seiner gesamten Zeit am Millerntor gut befreundet war. Möller Daehli nahm die offensivere Position im Mittelfeld des FC St. Pauli ein, Buchtmann agierte etwas zurückgezogener. Sie ergänzten einander.

Christopher Buchtmann war dann auch der erste St. Paulianer, der vom bevorstehenden Wechsel seines Freundes erfuhr. Die Veränderung muss auch für die Offiziellen des Vereins keine Überraschung gewesen sein, weil Möller Daehli bereits zu Beginn seines Vertrages geäußert hatte, in drei Jahren auf europäischer Ebene spielen zu wollen.

Dass man den norwegischen Nationalspieler vorzeitig ziehen ließ, schmerzte viele Fans des FC St. Pauli, weil er vor allem in den letzten Monaten mehr und mehr zu einem der Leader im Team aufgestiegen war.

Mats Möller Daehli wechselte zu Beginn des Jahres 2020 zum belgischen Erstligisten KRC Genk, der vom deutschen Trainer Hannes Wolf gecoacht wird.

Für den FC St. Pauli erzielte Möller Daehli 5 Tore in 82 Ligaspielen.

Anhang

Rekorde für die Ewigkeit

Die meisten Spiele

Jürgen Gronau (476)
André Trulsen (409)
Klaus Thomforde (378)
Peter Osterhoff (320)
Ingo Porges (313)
Fabian Boll (307)
André Golke (282)
Dirk Dammann (275)
Holger Stanislawski (275)
Dietmar Demuth (267)

Der älteste Spieler

André Trulsen (40)

Die jüngsten Spieler

Peter Danjus (17)
Jonathan Beaulieu-Bourgoult (17)
Christian Rahn (17)

Die meisten Tore

Peter Osterhoff (182)
Franz Gerber (108)
Rüdiger Wenzel (88)
André Golke (70)
Franz Gerber (58)
Dirk Zander (52)
Marius Ebbers (46)
Thomas Meggle (46)

Marcus Marin (42)
Martin Driller (42)

Die meisten Elfmetertore

Florian Bruns (9)
Rolf Höfert (9)

Die meisten gelben Karten

André Trulsen (98)
Thomas Meggle (55)
Stephan Hanke (50)
Fabian Boll (48)
Fabio Morena (44)
Dietmar Demuth (41)
Christopher Buchtmann (41)

Die meisten Platzverweise

Dieter Schlindwein (5)
Marcel Eger (5)
Stephan Hanke (4)
Bernd Hollerbach (4)
Fabio Morena (4)
Markus Thorandt (4)

Die teuersten Einkäufe

Ugur Inceman 1,38 Millionen Euro
Cenk Sahin 1,3 Millionen Euro
Ante Budimir 1 Million Euro
Carlos Zambrano 750.000 Euro
Marcao 700.000 Euro
Mats Möller Daehli 600.000 Euro
Hank Veerman 500.000 Euro

Rekord-Verkäufe

Marcel Halstenberg 3,5 Milllionen Euro
Mats Möller Daehli 3 Millionen Euro
Marvin Ducksch 2 Millionen Euro
Marc Rzatkowski 2 Millionen Euro
Carlos Zambrano 1,2 Millionen Euro
Ante Budimir 1 Million Euro

Die Jahrhundert-Elf

Klaus Thomforde
André Trulsen Walter Frosch Karl Miller Dirk Dammann
Michel Mazingu-Dinzey Thomas Meggle Jürgen Gronau Harald Stender
Peter Osterhoff Franz Gerber
(Gewählt per Online-Abstimmung 2010)

Erfolge

1947: Hamburger Meister
1964, 1966, 1972, 1973: 1. Platz Regionalliga Nord
1977: Meister der 2. Bundesliga
1983, 1986: Meister der Amateur-Oberliga Nord
1977, 1988, 1995, 2001, 2010: Aufstieg in die Bundesliga
Platz 3 in der „Ewigen Tabelle“ der 2. Bundesliga

Anzahl der Vereinsmitglieder

30.000 (Stand November 2019)

Spitznamen

Andy: Andreas Bergmann
Bene: Benedikt Pliquett
Benny: Benjamin Adrion
Boloa oder Boller: Fabian Boll
Buba: Daniel Buballa
Buchti: Christopher Buchtmann

Buttje: Rolf-Peter Rosenfeld
Calle: Carsten Rothenbach
Capitano: Fabio Morena
Colt: Ralf Sievers
Corny: Cornelius Littmann
Das Tier im Tor: Klaus Thomforde
Der Schweiger: Michel Mazingu-Dinzey
Der weiße Hai: Klaus Ottens
Drobo: Davidson Drobo-Ampem
Didi: Dietmar Demuth
Ebbe: Marius Ebbers
Egi: Marcel Eger
Eisen-Dieter: Dieter Schlindwein
El Toro: Matias Cenci
Felgen-Ralle: Ralf Gunesch
Froschi: Walter Frosch
Ginni: Daniel Ginczek
Golle oder Holsten: André Golke
Gonni: Sören Gonther
Gregerl oder Gregor: Michael Gregoritsch
Harry: Marcel Rath, auch „Kampfschwein" oder „Eisenschädel" genannt, „weil Marcel mit dem Kopf auch dahin ging, wo andere den Fuß weggezogen hätten" (Holger Stanislawski)
Heerwi: Philipp Heerwagen
Holler oder Holleraxt: Bernd Hollerbach
Killer: Ian Joy
Krümel: Jörn Großkopf
Lelle: Florian Lechner
Lenny: Lennart Thy
Lorko: Michael Lorkowski
Lude: Alexander Ludwig
Matze: Mathias Hein
Meggi: Thomas Meggle

Mo: Morike Sako
Nötzi: Christopher Nötze
Oschi: Peter Osterhoff
Papa Heinz: Präsident Heinz Weisener
Paddy oder Prinz Valium: Patrik Borger
Patsche: Nico Patschinski
Piepel: Joachim Philipkowski
Psycho: André Schubert
Ratsche oder Schatti: Marc Rzatkowski
Sado-Maslo: Uli Maslo
Schlangen-Franz: Franz Gerber
Schulle: Timo Schultz
Sir Charles: Charles Takyi
Stani: Holger Stanislwaski
Truller oder Butter: André Trulsen
Ziere: Philipp Ziereis

Erlernte Berufe ausgewählter FC St. Pauli Spieler und Trainer

Harald Stender: Tankstellen-Inhaber. Wie damals bei vielen Fußballern üblich, übernahm Harald Stender eine Tankstelle in Hamburg als Pächter.
Arno Steffenhagen: Buchdrucker. Der Berliner Bundesligastar erlernte als einziger Profi seit Bestehen der Liga den Beruf des Buchdruckers.
Jens Duve: Bankkaufmann, später Geschäftsführer eines Reha-Zentrums
Jürgen Gronau: Stahlbetonbauer, Bürokaufmann
Fabian Boll: Kriminal-Oberkommissar. Fabian Boll war während seiner gesamten Profi-Zeit als Oberkommissar bei der Hamburger Kripo beschäftigt und war in einem Revier zwischen Alster und Elbe tätig.
Holger Stanisląwski: Masseur. Nach dem (vorläufigen) Ende seiner Trainertätigkeit beim FC St. Pauli, dem TSG Hoffenheim und dem 1. FC Köln übernahm Stani als Geschäftsführer einen großen Lebensmittel-Filialmarkt in Hamburg-Winterhude.
Dieter Schlindwein: Industriekaufmann

Walter Frosch: Schornsteinfeger. Froschi war bis wenige Jahre vor seinem Tod Pächter der Vereinskneipe des SC Viktoria an der „Hohen Luft", wo zeitweilig auch die U23 des FC St. Pauli ihre Heimspiele austrug.
Bernd Hollerbach: Metzger. Der knüppelharte Abwehrmann aus Franken wechselte zum HSV und fiel deshalb in Ungnade bei den Hardcore-Fans des FC St. Pauli. Er arbeitete später erfolgreich als Co-Trainer von Felix Magath.
Klaus Thomforde: Finanzbeamter. Vor seiner Tätigkeit als Profi-Fußballer arbeitete Klaus Thomforde als Beamter im Landkreis Stade. Nach der Karriere war er Torwarttrainer u. a. beim FC St. Pauli und bei Holstein Kiel, gegenwärtig ist er Torwarttrainer beim DFB (U21).
Volker Ippig: Diplom-Fußballlehrer und Lascher. Volker Ippig, Profi-Fußballer mit Abitur, arbeitet seit mehreren Jahren im Hamburger Hafen und pendelt mit einem VW-Polo täglich von Lensahn nach Hamburg und zurück. Der Diplom-Fußballlehrer hat lange Zeit sehr erfolgreich als Trainer seines Heimatvereins TSV Lensahn gearbeitet und führte diese Mannschaft als Spielertrainer (nicht als Torwart, sondern als Stürmer) bis in die schleswig-holsteinische Verbandsliga.
Andreas Reinke: Facharbeiter für Plasteverarbeitung
Joachim Philipkowski: Maschinenschlosser. Joachim Philipkowski hat sich seit vielen Jahren enorme Verdienste in unterschiedlichen Trainerfunktionen beim FC St. Pauli erworben. Er war der Hauptverantwortliche für die Erfolge der FC St. Pauli Jugendmannschaften. Die Jugendarbeit des FC St. Pauli gilt dank „Piepel" in Hamburger Fußballkreisen der des HSV als überlegen, zumindest aber gleichwertig. Aktuell trainiert er die U23 des FC St. Pauli, die in der Regionalliga Nord spielt.
Thomas Seeliger: Zollbeamter. Sport- und Fitnesskaufmann. Thomas Seeliger hat nach der Profi-Zeit in mehreren holsteinischen Klubs erfolgreich als Spielertrainer gearbeitet, u. a. beim SV Todesfelde. Im Jahr 2015 arbeitete Seeliger als Trainer von Eintracht Norderstedt, einem Viertligisten, der auf Augenhöhe mit HSV II und FC St. Pauli II spielt. In 2015 erwarb Thomas Seeliger das Fußball-Lehrerdiplom in Köln. Derzeit trainiert er die 2. Mannschaft von Weiche Flensburg 08.

Markus Lotter: Journalist (Berliner Zeitung)
Carsten Pröpper: Diplom-Sportmanager, Unternehmer
Achim Hollerieth: Industriekaufmann. Auch Achim Hollerieth ist als Trainer in Norddeutschland unterwegs, seine letzten Wege führten ihn zum FC Elmshorn und in den Harzer Fußball.
Thomas Meggle: Diplom-Fußballlehrer. Der vielseitig begabte Abiturient beteiligte sich noch während seiner aktiven Karriere an einer Maler-Firma und gründete gemeinsam mit einem Elmshorner Unternehmer einen Buch-Verlag. Zuvor publizierte er eine regionale Hamburger Fußball-Zeitschrift („Fußball Hamburg"), die inzwischen nur noch digital erscheint. Nach der sehr erfolgreichen Aufbauarbeit als Trainer der U23 des FC St. Pauli wurde er im Herbst 2014 zum Trainer der Profis berufen, um nach der Übernahme dieses Amtes durch Ewald Lienen am 16.12.2014 in das Amt des Sportdirektors zu wechseln. Nach dem Abschied vom FC St. Pauli ist Meggle als Unternehmer eines Handwerksbetriebs tätig.
Benjamin Adrion: Gründer des Trinkwasserprojekts „Viva con agua". Benny Adrion ist der Sohn von Trainer Rainer Adrion. Sein Förderprojekt ist eine der erfolgreichsten sozialen Initiativen, die jemals von einem Fußballer gestartet wurden.
Stephan Hanke: General Manager Scout
Max Kruse: Spielt gelegentlich sehr erfolgreich in Pokerrunden mit. Seit der Saison 2019/2020 spielt Kruse, langjähriger Star von Werder Bremen, für Fenerbahçe Istanbul.
Michael Dahms: Klimatechniker
Ingo Porges: Brennstoffhändler
Horst Neumann: Hafenarbeiter (Tallyman)
Klaus Ottens: Industriekaufmann
Peter Osterhoff: Fliesenleger, Baustoffkaufmann
Christian Rahn: Automobilkaufmann
Timo Reus: Torwart-Trainer. Timo Reus war bei seinen Mitspielern aufgrund seiner bescheidenen Art beliebt. Er konnte sich am Millerntor nicht als 1. Torwart durchsetzen. Arbeitete mehrere Jahre in seiner

schwäbischen Heimat als Torwart-Trainer beim VfR Aalen am Rande der Alb.

Buttje Rosenfeld: Sport-Journalist. Buttje Rosenfeld, einst Profi beim FC St. Pauli, wechselte nach der Karriere in den Journalismus und ist bis heute Berichterstatter für den FC St. Pauli bei der Hamburger Morgenpost.

Matthias Scherz: Industriemechaniker

Helmut Schulte: Helmut Schulte ist ein „gelernter" Lehrer. Im Rahmen einer Arbeitsbeschaffungsmaßnahme wurde er Trainer beim FC St. Pauli, – und einer der erfolgreichsten überhaupt. Sein vorläufig letzter Job am Millerntor war der des Sportdirektors. Als eine der zahlreichen Krisen am Millerntor eskalierte wurde wider alle Vernunft Helmut Schulte – und nicht der unglücklich agierende Trainer Andrè Schubert entlassen, dem man in Spielerkreisen den Spitznamen „Psycho" verpasst hatte. Helmut Schulte, gewiss einer der besten Kenner, Pädagogen und Manager im deutschen Fußballgeschäft, arbeitete anschließend erfolgreich beim österreichischen Rekordmeister Rapid Wien und als Sportdirektor bei Fortuna Düsseldorf.

Christian Springer: Industriekaufmann

André Trulsen: Bürokaufmann, Co-Trainer FC St. Pauli, TSG Hoffenheim, 1. FC Köln, VfB Stuttgart, Sportfreunde Lotte, meist in Zusammenarbeit mit Holger Stanislawski. Jetzt wieder Co-Trainer FC St. Pauli.

Carsten Wehlmann: Schifffahrtskaufmann

Horst Wohlers: Lehrer

Harry Wunstorf: Hafenarbeiter, Fotograf, LKW-Fahrer

Patrik Borger: Industriekaufmann. Paddy Borger arbeitete nach seiner Karriere als Profi bei einer Fahnen-Firma in Kiel. Seit mehreren Jahren Torwarttrainer Holstein Kiel.

Andreas Bergmann: Diplom-Sportlehrer. Andreas Bergmann gehört neben Ewald Lienen, Helmut Schulte, Thomas Meggle und Michael Lorkowski in die Reihe der eher linksorientierten, intellektuellen Trainer des FC St. Pauli. Er kann Menschen führen und motivieren, ist bescheiden und kein Mann der großen Worte. Seine großartigen

Fähigkeiten stellte er in der Serie der „Wir sind Pokal"-Spiele unter Beweis. Unter allen Trainern des FC St. Pauli dürfte er derjenige sein, der ein Höchstmaß an Leistung bei einem einzelnen Spieler zum richtigen Zeitpunkt herauskitzeln konnte. In Profikreisen gilt er als ehrlich, verlässlich und bescheiden.

André Golke: Versicherungskaufmann
Jan-Philipp Kalla: Speditionskaufmann
Michael Lorkowski: Diplom-Sportlehrer
Felix Luz: Bankkaufmann
Klaus-Peter Nemet: Gymnasiallehrer
Stefan Studer: Bankkaufmann
Timo Schultz: Lehramtsstudent Geschichte, Sport. Timo Schultz ist ein zurückhaltender Mann, der freundlich auftritt und sehr realitätsorientiert denkt. Da er sein Herz an den Fußball und den FC St. Pauli verloren hat, ist er dem Club am Millerntor treu geblieben und leitet nach der Personal-Rochade vom 16.12.2014 das Nachwuchs-Zentrum seines Vereins.
Jörn Schwinkendorf: Kfz-Mechaniker
Nico Patschinski: Kurierfahrer DHL, Omnibusfahrer

Die Trainer des FC St. Pauli seit Einführung der Bundesliga

Otto Westphal 7/1963–6/1964
Otto Coors 7/1964–6/1965
Kurt Krause 7/1965–6/1967
Heinz Hempel 12/1967–6/1968
Erwin Türk 6/1968–6/1971
Edu Preuß 7/1971–6/1972
Karl-Heinz Mühlhausen 7/1972–6/1974
Kurt Krause 7/1974–6/1976
Diethelm Ferner 7/1976–6/1978, Aufstieg in die 1. Bundesliga 1977
Sepp Piontek 7/1978–6/1979
Werner Pokropp 7/1979–10/1979
Kuno Böge 10/1979–3/1982

Michael Lorkowski 3/1982–6/1986
Willi Reimann 7/1986–11/1987
Helmut Schulte 11/1987–2/1991 Aufstieg in die 1. Bundesliga 1988
Horst Wohlers 2/1991–3/1992
Sepp Eichkorn 3/1992–6/1992
Michael Lorkowski 7/1992–9/1992
Sepp Eichkorn 9/1992–6/1994
Uli Maslo 7/1994–4/1997, Aufstieg in die 1. Bundesliga 1995
Eckhard Krautzun 7/1997–11/1997
Gerhard Kleppinger 11/1997–12/1998
Dietmar Demuth 1/1999
Willi Reimann 2/1999–3/2000
Dietmar Demuth 3/2000–8/2002, Aufstieg in die 1. Bundesliga
Joachim Philipkowski 8/2002–12/2002
Franz Gerber 12/2002–3/2004
Andreas Bergmann 3/2004–11/2006
Holger Stanislawski 11/2006–6/2011, Aufstieg in die 1. Bundesliga
André Trulsen 7/2007–6/2008
André Schubert 7/2011–9/2012
Michael Frontzeck 9/2012–11/2013
Roland Vrabec 12/2013–9/2014
Thomas Meggle 9/2014–12/2014
Ewald Lienen 12/2014–7/2017
Olaf Janßen 7/2017–12/2017
Markus Kauczinski 12/2017–4/2018
Jos Luhukay seit 4/2019

Quellenverzeichnis

[1] de.statista.com/infografik/20315/markenindex-der-bundesliga-fussballvereine/

[2] Helmut Schön, in „Derby Countdown“, Hamburger Abendblatt, 15.9.2010

[3] Jens R. Prüß (Hg.), Spundflasche und Flachpaßkorken, Die Geschichte der Oberliga Nord 1947–1963, Klartext Verlag Essen, 1991

[4] https://www.faz.net/aktuell/sport/portraet-mit-16-wollte-sebastian-kehl-aufgeben-122172.html

[5] Metelmann/Finke, Kiez-Club FC St. Pauli, Edition Temmen Bremen, 2009, S. 99

[6] Ivan Klasnic, im Interview mit „11 Freunde“, 5.7.2013

[7] „Sagt der Trainer zum Schiri“, Die besten Fußballwitze, S.Fischer Verlag Frakfurt/M., 2016

[8] https://www.welt.de/sport/fussball/plus205415373/Ivan-Klasnic-im-Interview-Morgens-sind-es-elf-oder-zwoelf-Tabletten-abends-sind-es-sechs.html

[9] ebenda

[10] https://www.n-tv.de/sport/fussball/Mister-HSV-der-glorreichen-Zeiten-article20215747.html

[11] https://www.watson.ch/unvergessen/bundesliga/308146581-bundesliga-st-pauli-torhueter-klaus-thomforde-und-sein-bekanntestes-zitat.

[12] https://11freunde.de/artikel/ich-war-gerne-das-tier-im-tor/580686

[13] www.fcstpauli.com%2Fmedia%2F2223%2Faltligamannschaft_171115.pdf

[14] Nagel/Pahl, Alles drin, Hoffmann und Campe Hamburg, 2010, 160

[15] André Gohlke im Interview mit Buttje Rosenfeld, Hamburger Morgenpost, 12.11.2014

[16] www.abendzeitung-muenchen.de/inhalt.sport-golke-sein-neues-leben-ohne-niere.a99e1c64-3c1d-4647-99bf-234ba8d61711.html
[17] Hermann Schmidt, Fabian Boll. Das Herz von St. Pauli, Verlag Die Werkstatt Göttingen, 2011
[18] https://11freunde.de/artikel/junge-du-f%C3%A4hrst-nicht-mit/577641
[19] https://gutezitate.com/zitat/217391
[20] https://www.welt.de/welt_print/sport/article7904888/Zwei-Urgesteine-hart-aber-herzlich.html
[21] magath.net/2013/12/03/walter-frosch
[22] ebenda
[23] Nagel/Pahl, FC St. Pauli, Das Buch, Hoffmann und Campe Hamburg, 2010
[24] Buttje Rosenfeld, Mein Freund Walter Frosch, Hamburger Morgenpost, 24.11.2013
[25] Jörn Wolf, Das Kampf Schweinske, Hamburger Morgenpost, 29.3.2001
[26] 11 Freunde Spezial, Zweite Liga, S. 83
[27] Dieter Schlindwein in 11 Freunde Spezial, Zweite Liga, S. 111
[28] Holger Stanislawski in Hamburger Abendblatt, Eine bestechende Liebe, 22.7.2010
[29] https://www.abendblatt.de/sport/fussball/st-pauli/article107825715/Eine-bestechende-Liebe.html
[30] www.bild.de/548-km-für-einen-dorf-test-13382036.bild.html
[31] Hamburger Abendblatt, 29.1.2015
[32] Die Welt, 3.1.2014, Volker Ippig im Interview mit Lutz Wöckener
[33] Dirk Zander, Hamburger Morgenpost, 19.12.2014
[34] welt.de/sport/article109690700
[35] https://gutezitate.com/autor/Juri-Sawitschew
[36] https://en.wikipedia.org/wiki/Yuri_Savichev
[37] welt.de/print-welt/article151756/der-tragische-held-patrik-borger-sorgt-sich-um-seine-nachfahren.html
[38] https://www.donaukurier.de/sport/fussball/fcingolstadt04/

fc04-berichte/Ingolstadt-Der-schwere-Abschied-vom-Kiez; art19158,2551727, 31.12.2012

39 www.bild.de/sport/fußball/ralph-gunesch-hatte-sex-in-fünf-autos

40 siehe 37

41 Benny Adrion, Interview Süddeutsche Zeitung „Es ist wie bei Forrest Gump", 17.5.2013

42 www.zeit.de/2014/25/benjamin-adrion-trinkwasser

43 https://www.mopo.de/sport/2-2-in-wolfsburg--das-ist-einfach-bitter--bitter--bitter--17073424

44 https://www.zitate.eu/autor/erich-ribbeck-zitate

45 https://11freunde.de/artikel/als-der-punkrock-ins-stadion-kam/448177

46 http://www.brianpeschke.de/satire/fussball.html

47 Wir wollen keine Legionäre, Hamburger Morgenpost, 27.2.2001

48 Interview mit Peter Wenig und Lutz Wöckener, Hamburger Abendblatt, 3.4.2010

49 Interview mit Andreas Hardt, Hamburger Abendblatt, 3./4.1.2015

50 https://www.spiegel.de/sport/fussball/hoffenheim-coach-stanislawski-eine-neue-liebe-ist-wie-ein-neues-leben-a-791433.html

51 Mathias Hain im Interview mit Marcel Schäfer in Torwart.de, 19.9.2005

52 https://www.abendblatt.de/sport/fussball/st-pauli/article107926736/Mathias-Hain-So-etwas-ist-Hochverrat-an-der-Mannschaft.html

53 Hamburger Abendblatt, 17.12.2014

54 www.kicker.de/617496/artikel

55 https://www.welt.de/sport/fussball/article5635832/St-Pauli-verdankt-seinen-Praesidenten-Uwe-Seeler.html

56 ebenda

57 hinzundkuntz.de

58 Hamburger Morgenpost, 18.1.2015

59 Hamburger Morgenpost, 31.12.2010

60 Hamburger Morgenpost, 23.12.2000

[61] https://11freunde.de/artikel/95-prozent-aller-stadionbesucher-k%C3%B6nnen-nicht-singen/581224

[62] Hamburger Morgenpost,16.1.2015

[63] https://11freunde.de/2017-06-05/außer-dem-hsv-gab-es-nichts

[64] ebenda

[65] Hamburger Morgenpost, 11.9.2001

[66] https://www.welt.de/print-welt/article478803/Raetselraten-beim-FC-St-Pauli-Ist-Marcao-schon-wieder-fit.html

[67] bild.de/fußball/st.-pauli/budimir-verspricht-tore-38492474.bild.html

[68] BILD, 9.2.2015

[69] Kicker, 16.2.2015

[70] Hamburger Morgenpost, 6.11.2014

[71] Interview mit Deniz Baris, Die Welt, 23.5.2001

[72] Interview mit Henning Bürger, Ostthüringische Zeitung, 10.8.2013

[73] Interview mit Nico Patschinski, Hamburger Abendblatt,13.2.2014

[74] Fußballgott mit Realitätssinn, https://www.faz.net/aktuell/rhein-main/alexander-meier-fussballgott-mit-realitaetssinn-13299166.html, 3.12.2014

[75] https://www.fr.de/eintracht-frankfurt/ich-hatte-viele-stolpersteine-fuessen-11170704.html

[76] Interview Klaus Hanisch mit Filip Trojan, https://www.pragerzeitung.cz/es-gibt-schlimmeres/

[77] Benny Semmler, Blog trifft Ball, Interview mit Marius Ebbers

[78] Matthias Scherz, Express, 16.12.2014

[79] Interview mit Florian Bruns, Eimsbütteler Nachrichten, 4.10.2008

Bildnachweis

Umschlag: Unter Verwendung von Fotos von Rainer Beeken, Hamburg
Pressebilderdienst Horst Müller GmbH: Seiten 23, 35, 40, 48, 63, 81, 106, 123, 170
Marcel Rath, Privatbesitz: Seite 51
Dieter Schlindwein, Privatbesitz: Seite 54
Hermann Schmidt, Privatarchiv (Autogrammkarten): Seiten 31, 56, 75, 77, 127, 133, 136, 151
Hermann Schmidt, Privatarchiv: Seiten 60, 93, 111, 116
Klaus Thomforde, Privatbesitz: Seite 29

Der Autor

Hermann Schmidt, geb. 1949 in Eckelshausen/Lahn
Verlagsmanager/Geschäftsführer Verlag Moritz Diesterweg, Büchergilde Gutenberg, Leserkreis Daheim, Jahreszeiten Verlag

Veröffentlichungen:
Bilder aus Fischbach, Sachsenbuch Verlag, 1991
Meronis Sommer, Sachsenbuch Verlag, 1995
Zauber am Millerntor, Verlag Die Werkstatt, 2007
Der Kampf geht weiter, Verlag Die Werkstatt, 2009
Wir kommen wieder, Verlag Die Werkstatt, 2011
Fabian Boll, Das Herz von St.Pauli, Verlag Die Werkstatt, 2012
Fischbach, mein Fischbach. Thomas Meggle Medien, 2013
Linksaußen, Die besten Flügelflitzer der Welt, Verlag Die Werkstatt, 2014
Wolfgang Overath, Der Spielmacher, Verlag J.P.Bachem, 2016
Trainerlexikon, Verlag J.P.Bachem, 2017 (mit Miriam Bernhardt)
Thomas Ganske. Der Visionär, New Business Edition, 2018 (mit Miriam Bernhardt)
Manfred Bissinger. Der Meinungsmacher, Verlag Berg und Feierabend, 2019) (mit Miriam Bernhardt)

Hamburger Fußballgeschichte

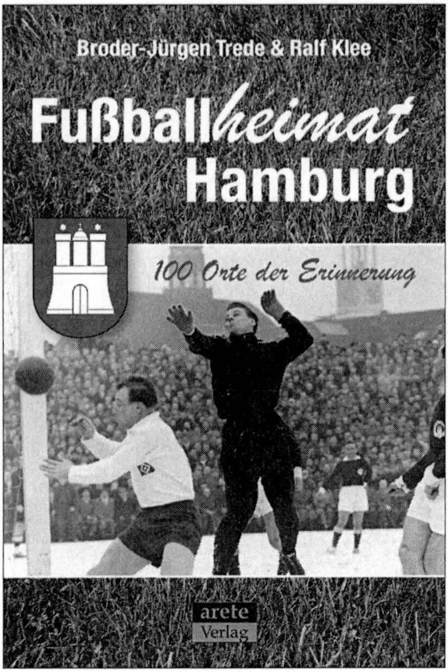

Broder-Jürgen Trede &
Ralf Klee

Fußballheimat Hamburg
100 Orte der Erinnerung
Ein Stadtreiseführer

216 Seiten, über 100 Fotos,
Klappenbroschur
ISBN 978-3-96423-038-6
18,00 €

Fußballheimat Hamburg – das ist mehr als das scheinbar ewige Lokalderby HSV gegen FC St. Pauli, mehr als Volksparkstadion und Millerntor.

Fußballheimat Hamburg sind auch Altona 93, ASV Bergedorf, Barmbek-Uhlenhorst, Victoria, Eimsbütteler TV, Harburger TB, SC Concordia, Eintracht Fuhlsbüttel, SC Sperber und viele andere, zum Teil heute nicht mehr existierende Stadtteilvereine und Thekenmannschaften. Fußballheimat Hamburg sind aber auch Menschen – Spieler, Trainer, Manager, Präsidenten, gute Seelen, Fans und Journalisten –, die den Hamburger Fußball in den letzten über 100 Jahren geprägt haben.

Die beiden Autoren Broder-Jürgen Trede und Ralf Klee haben sich auf Spurensuche in die Hamburger Fußballgeschichte begeben, mit Zeitzeugen gesprochen und stellen wunderbare Orte und Unikate in Text und Bild vor.

„Wer Hamburgs Fußball liebt, der verliebt sich in dieses Buch!“
(Pinneberger Tageblatt, 4.12.2020)

Arete Verlag • Osterstr. 31-32 • 31134 Hildesheim • www.arete-verlag.de

Weitere Bücher aus dem Arete Verlag

Miriam Bernhardt & Hermann Schmidt
„Männer trinken keine Fanta“
Eisenfüße, Laufwunder und andere Originale der Fußball-Bundesliga
232 Seiten, kartoniert, € 18,-
ISBN 978-3-96423-047-8

Sascha Kurzrock
Fußball – eine Deutschlandreise
100 Orte zum Entdecken, Erkunden und Erleben
280 Seiten, Hardcover, € 24,–
ISBN 978-3-96423-086-7

Berliner Fußball-Verband (Hrsg.)
125 Jahre Berliner Fußball
Geschichte und Geschichten in Porträts
320 Seiten, Hardcover, € 24,–
ISBN 978-3-96423-096-6

Denis de Haas & Peter Plum
Schweigeminute Fußball-Bundesliga
Verstorbene Stars in über 50 Jahren Bundesliga
146 Seiten, Klappenbroschur, € 18,-
ISBN 978-3-96423-077-5

Klaus-Hendrik Mester
Die coolsten Clubs der Welt
40 besondere Vereine rund um den Fußball-Globus
212 Seiten, Klappenbroschur, € 19,80
ISBN 978-3-96423-046-1

Michael Jahn
Lucien Favre: Der Bessermacher
Streifzüge durch ein Trainerleben
210 Seiten, kartoniert, € 16,–
ISBN 978-3-96423-012-6

Arete Verlag • Osterstr. 31-32 • 31134 Hildesheim • www.arete-verlag.de

Weitere Bücher aus dem Arete Verlag

Armin Burkhardt
Wörterbuch der Fußballsprache
Von Abblocken bis Zweitligist
480 Seiten, kartoniert, € 26,00
ISBN 978-3-96423-089-8

Albrecht Breitschuh
Ein Schuss! Ein Tor! Die Bayern!
Aber manchmal gewinnen auch die anderen ...
240 Seiten, kartoniert, € 20,00
ISBN 978-3-96423-087-4

Klaus-Hendrik Mester
Fußball leben im Ruhrgebiet
Eine Zeitreise durch 13 Städte voller Fußball-Leidenschaft
144 Seiten, kartoniert, € 9,95
ISBN 978-3-942468-18-3

Klaus-Hendrik Mester
Vom Stadion zur Arena
Wenn Herz und Seele verschwinden –
eine Hommage an alte Pilgerstätten deutschen Fußballs
172 Seiten, Klappenbroschur, € 19,95
ISBN 978-3-942468-73-2

Lars Schrodberger
Vom Abgrund
Der größte Abstiegskrimi in über 50 Jahren Fußball-Bundesliga
112 Seiten, kartoniert, € 18,–
ISBN 978-3-96423-065-2

Konstantin Josuttis
Der letzte Ball
Was 1930 auf der Conte Verde wirklich geschah
406 Seiten, kartoniert, € 20,–
ISBN 978-3-96423-074-4

Arete Verlag • Osterstr. 31-32 • 31134 Hildesheim • www.arete-verlag.de